如果历史是一座公园

(第二卷)

[德] 马克斯·克鲁泽 著

何珊 郭颖杰 译

图书在版编目（CIP）数据

如果历史是一座公园：全四卷 /（德）马克斯·克鲁泽著；何珊，郭颖杰译. -- 北京：北京联合出版公司，2025. 7. -- ISBN 978-7-5596-8428-8

Ⅰ. K103

中国国家版本馆CIP数据核字第20256HE032号

Title of the original edition:
Author: Max Kruse
Title: *Im weiten Land der alten Zeit*; *Im weiten Land der neuen Zeit*
Copyright © 2023 by Max Kruse, represented by AVA international GmbH, Germany （www.ava-international.de）
Chinese language edition arranged through HERCULES Business & Culture GmbH, Germany.
Originally published 1997 and 1998 by C. Bertelsmann Jugendbuch Verlag, München

本书简体中文版权归属于银杏树下（上海）图书有限责任公司。
北京市版权局著作权合同登记　图字：01-2025-0753

如果历史是一座公园：全四卷

著　　者：［德］马克斯·克鲁泽
译　　者：何　珊　郭颖杰
出 品 人：赵红仕
选题策划：后浪出版公司
出版统筹：吴兴元
编辑统筹：尚　飞
责任编辑：管　文　龚　将　牛炜征
特约编辑：季丹丹　罗泱慈
营销统筹：陈高蒙　营销编辑：林晗芷
装帧制造：墨白空间·Yichen

北京联合出版公司出版
（北京市西城区德外大街83号楼9层 100088）
北京盛通印刷股份有限公司印刷　新华书店经销
字数751千字　889毫米×1194毫米　1/32　37印张
2025年7月第1版　2025年7月第1次印刷
ISBN 978-7-5596-8428-8
定价：178.00元（全四卷）

后浪出版咨询(北京)有限责任公司版权所有，侵权必究
投诉信箱：editor@hinabook.com　fawu@hinabook.com
未经书面许可，不得以任何方式转载、复制、翻印本书部分或全部内容。
本书若有印、装质量问题，请与本公司联系调换，电话010-64072833

目录

第四天　信仰无所不在的中世纪　/　1

　　皇帝和异教徒　/　3

　　信仰的力量　/　24

　　经院哲学与虔诚的信仰　/　36

　　文学与音乐　/　43

　　技术与教堂　/　51

　　信仰的时代，恐怖的时代　/　71

　　化学成为一种力量　/　80

第四晚　女性的至暗时刻　/　83

　　社　会　/　85

第五天　从地中海到大西洋　/　93

变　革　/　95

意大利的文艺复兴　/　110

教皇的罗马　/　136

哥白尼革命　/　145

天上地下伟大的发现　/　151

把一切推翻的思想和发明　/　178

第五晚　黑暗的时代　/　195

转变中的世界　/　197

经　济　/　209

从上至下的改革　/　217

疯狂和信仰的爆发　/　228

基督教和教会　/　256

午夜过后　/　261

尾　声　/　263

第四天
信仰无所不在的中世纪

皇帝和异教徒

一座现代化的城市

一大早,清真寺的尖塔上传来呼报祈祷的声音,穆斯林一天中的第一次祷告开始了。贝蕾妮克、罗曼和斯特凡都听到了——他们还没完全清醒,迷惑又惊奇地想知道自己现在究竟在什么地方。

还不到八点他们就在餐厅聚齐了。

"今天你们将处在一个完全不同的文化氛围中,"塞内克斯开始说话了,"又过去了几个世纪——在此期间,罗马帝国灭亡了。"今天的餐厅没有前两天亮堂,光线不算很暗,但是好像被周围的楼群过滤了似的。他们听见街上传来商贩的叫卖声和许多人的喊叫声,中间还夹杂着马的嘶鸣、羊的叫唤,间或穿插着一阵阵铁蹄声。旅舍的位置显然又变了。

"我们这是在哪儿?"贝蕾妮克问。

"在耶路撒冷。"塞内克斯回答说,"你们此刻在基督徒、犹太教徒和穆斯林心中的圣地。我们今天是为基督徒而来的。"

"现在我对什么都见怪不怪了,但我还是想知道,您又把我们带到了哪个世纪?"

"十三世纪,罗曼,今天是1229年3月18日。"

"睡一觉就过去了八百多年!世界肯定发生了翻天覆地的变化——亚拉里克一世率领西哥特人占领了罗马,把罗马城洗劫一空。西奥多里克大帝定都拉韦纳。①四百年后,查理大帝②在罗马由教皇加冕,成为神圣罗马帝国的皇帝——那时恰好是公元800年。"

"你知道的可真不少,斯特凡。"塞内克斯说,"基督教确实在罗马帝国站稳了脚跟,君士坦丁大帝在迁往拜占庭之前为基督教成为国教铺平了道路③。查理大帝统一了基督教帝国,而最引人注目的日子就是他在罗马从教皇利奥三世手中接过帝国皇冠的时候。至此,西方文化达到了第一个高潮。"

"首先,请告诉我们,为什么辽阔而强盛、拥有至高权力和丰富文化的罗马帝国会灭亡呢?"

"每种文化都有衰败的一天,这也许是一种规律。罗马帝国

---

① 公元4世纪,匈奴人自东而西到达黑海北岸,迫使当地的哥特人迁徙。4世纪末,亚拉里克一世(Alaricus Ⅰ,约370—410)为西哥特人首领。西哥特人辗转进入意大利,攻陷罗马城,建立了西哥特王国。5世纪末,西奥多里克(Theodoricus,约454—526)建立东哥特王国。
② 查理大帝(Charlemagne,约742—814),即查理曼,法兰克王国加洛林王朝国王(768—814),查理曼帝国皇帝(800—814)。
③ 君士坦丁大帝在位期间,整顿官僚机构、改革经济,将基督教作为统治工具。

灭亡以前由几个无能且骄奢淫逸的皇帝统治着，他们沉湎于荒淫的生活。基督教早期神学家西普里安在公元250年前后就指出，'你必须知道，世界已经衰老了，它不再拥有以前的活力'。也许就是这样。但是罗马帝国的灭亡和北部民族的兴盛都不是我们要谈的题目，这是历史课要解决的问题。也许可以这么认为，罗马的光辉是被北部的民族，即所谓'蛮族'熄灭的，而从南部却又升起了一种新的光明，它与罗马完全不同，却同样耀眼——基督教！"

"它真的是一种光明吗？"斯特凡问。

第一位世界奇才

塞内克斯意味深长地笑了："由于罗马曾是世界的中心，教皇的寓所也选在这里。罗马教皇统管所有教会，这一身份可以追溯到圣徒彼得，他是由耶稣亲自指定的；彼得之后是利努斯——由教皇组成的这根链条没有间断过，一直到今天。无论是过去还是现在，欧洲都不是世界的全部，罗马天主教的影响却遍及全球，其官方语言仍是古罗马人的拉丁语。拉丁语也是整个中世纪的通用语言。从西罗马帝国灭亡（公元476年）到日耳曼民族吸收基督教教义和古典文化的这一时期被认为是中世纪的开端。我们之所以对这个时代感兴趣，主要是因为欧洲北部国家有着自己的文化形式，这时野蛮的异教徒世界和文明有序的基督教世界碰撞到一起了。"

"异教徒真的很野蛮吗？"

"很难说，斯特凡，他们肯定没有尊贵的罗马人那样讲究，但是那些有教养的阶层一直仿效罗马人的行为举止，就连德国的统治者也仿照罗马人称自己为皇帝。直到文艺复兴时，人们才又想起古希腊。说到文艺复兴，我马上想到了一个人，今天我们先来谈谈他吧，霍亨斯陶芬王朝的弗里德里希二世。"

"又是一位皇帝！"

"是的，贝蕾妮克，他是很特殊的一位。虽然他也打仗，还发动了一次十字军东征，但他不是一个好战的人。人们称他为'通才'①。他不仅是德国历史上的重要人物，也是意大利乃至世界历史和文化史上的重要人物，所以我才会专门谈到他。他在思想和精神上的影响超越了他所处的时代，他反对教会的偏见和封建特权，推动了人类精神的发展和进步。——在深入讨论他之前，我们还是先动身吧！"

"动身？去哪儿？"

"我们沿多洛罗萨大道走下去，这是耶稣背着十字架前往各各他山的道路。我们去圣墓教堂，参观弗里德里希二世加冕为耶路撒冷国王的典礼。尽管教皇对他下达了禁令，他还是践行了十字军东征的诺言。他因此被逐出教会，神职人员也被禁止与他有任何接触。在不光彩的十字军东征历史中，他是唯一一个不流血

---

① Uomo universale，原文为意大利文。

就占领了耶路撒冷的人,这归功于他的外交才能。他能用阿拉伯语与埃及苏丹阿拉－卡米勒的特使谈判,并凭借着对伊斯兰科学的了解以及对阿拉伯文化与哲学的热爱赢得苏丹的尊重。当然,他与教皇的不和对这次谈判也有所帮助。他的魅力和智慧让他为基督教取回了曾被战争夺走的耶路撒冷和一条通向海岸的狭长通道(穆斯林教区和其中的清真寺除外)。"

中世纪教堂

贝蕾妮克、罗曼和斯特凡感到非常惊奇,因为他们现在已经身处一个东方城市里。小广场给这个城市留出了一点空地,它的对面是一条狭窄的小巷,巷子两边是低矮的黄房子,而里面人挤得水泄不通。

"本来你们能在这里看见本地人、基督徒和骑士的,但是他们现在都在教堂里,谁也不愿错过庄严隆重的场面。"塞内克斯解释说。他们终于到了圣墓教堂。这是一个浅黄色圆屋顶的石头建筑物,周围有一个不大不小的广场,据说这里就是耶稣当年被钉在十字架上的地方。

贝蕾妮克、斯特凡和罗曼停住了脚步,仔细打量着这座朴实无华却很漂亮的教堂。教堂前是一面斜坡,它给人一种安宁而庄重的感觉。精美的石雕和装饰着柱子和柱头的窗子给教堂赋予了生机,这种生机又在太阳的光辉下得到了升华。

教堂前的广场上几乎空无一人，因为穆斯林都回避这个地方，只有个别迟到者和朝圣者在匆匆向大门跑去，其中还有十字军骑士。他们身穿骑士服装，披着披风，丝毫没有注意到这几个前来参观的陌生人。从教堂虚掩着的门缝里飘出薄薄的烟雾，教堂上的雕塑笼罩在淡蓝色的烟雾里，低沉而虔诚的圣歌从里面传出来。

塞内克斯推开一扇门，贝蕾妮克、罗曼和斯特凡跟着走进昏暗的教堂，他们站在门边。迟到的朝圣者和骑士纷纷行屈膝礼，前面是黑压压的人群。只有一点微光从窗口透进来，唯一能看见的是圣坛上方的拱顶处有一片灰蒙蒙的光亮。他们待了一会儿，慢慢习惯了里面的光线，教堂里半明半暗的一切才渐渐地清晰起来。到处是闪动着的烛光，像点点繁星，还有拱顶处透进来的乳白色的光，里面弥漫着圣烟和烛芯的气味，烛光上的烟雾徐徐向上飘去。

"礼拜做完了，"塞内克斯小声说，"弗里德里希二世没有参加，他是为了回避神职人员，因为教皇已经把他逐出了教会，但是他马上会来的。"

耶路撒冷的王冠

教堂里开始有动静了，但是看不太清楚，只听见压低的呼吸声，然后是脚步声。十字军骑士正在往里走，朝圣者从中间的过道退到两边。光线从敞开的大门射进来,一直照到点满蜡烛的圣坛,强烈的光芒中只见灰尘在飘动。刚刚在圣坛前做弥撒的教士匆匆退出,腾出位置。红色的天鹅绒桌台上放着一个金灿灿的圆形物品,上面镶满了钻石。

"这是耶路撒冷的王冠。"塞内克斯解释说。

这时,一个人走进教堂。他和所有的骑士一样身着金色长袍,腰间系着绿色的带子,披风随着步伐舞动。他长着一头微微泛红的头发,修剪齐整的短胡须也泛着红色,眼中闪烁着威严而坚毅的光芒。夹道恭迎的骑士行屈膝礼,就连朝圣者也无法抵御这庄严的时刻,可他目不斜视,坚定而有力地快步朝圣坛迈去。他在圣坛前站住,在胸前画了一个十字,随后伸开双臂从桌台上捧起王冠,举过头顶,转身面对激动的人群,身形光芒四射。他——弗里德里希二世,举头凝视手中金灿灿的王冠,然后又一次转过身去,仰视着被钉在十字架上的耶稣那张充满痛苦的脸,缓缓地将王冠戴在头上。他缓慢的动作中没有丝毫的犹豫,但同时带有某种郑重的意味。然后,他跪在地上,合拢双手开始祈祷。朝圣者唱起了圣歌,十字军骑士随之唱颂,但不久这歌声就被抑制不住的欢呼声淹没了。

"我很想知道他现在在想什么。"斯特凡小声说,"教皇指控说,弗里德里希二世声称这个世界被耶稣等三个骗子引入了歧途。"

"我觉得这个观点很有意思。"塞内克斯回答说,"的确,他认为童贞马利亚生育耶稣的说法是愚蠢的,拒绝接受马利亚无玷受孕的教义。现在,他给自己加冕为耶路撒冷的国王,以此证明他作为大卫王[①]继承者的神圣性。"

十字军骑士被胜利、激动、幸福、快乐的情绪驱使,当然其中还夹杂着轻松感,因为他们的东征在没有牺牲一个同伴的情况下便结束了——他们现在终于可以回家了。他们感激弗里德里希二世卓越的治国才能和政治手段。为了表达这种感激之情和与此紧密相连的崇敬之意,他们拥向圣坛,将国王团团围住,每个人都想尽可能挨近些。

"走吧,"塞内克斯提议道,"我想让你们观看的内容已经结束了。"

他转身朝门口走去,三个年轻人紧随其后。

在教堂的大门口,塞内克斯又一次指着圣坛顶上的圆形拱顶(它一直透着神秘的光)说:"请回忆一下,是古罗马人发明了这种圆形拱顶,这一发明从罗马传遍了整个西方。"

一座东方风格的豪华宫殿

走出阴暗的教堂,外面的光线很刺眼,他们忍不住眯起了眼睛。早春的阳光和煦又强烈。

"我们现在就要离开耶路撒冷这块神圣的土地了,"塞内克斯

[①] 大卫王是《圣经》中记录的贤明君主,也是优秀的战士、音乐家和诗人。

说,"在信徒们眼中,耶稣是上帝的儿子,他使这块土地成为基督教最神圣的地方。为了争夺耶路撒冷,无数鲜血浇灌过它。我现在想给你们讲一段历史故事,这个故事不但能给苍白的历史带来一些鲜活的色彩,而且很能代表弗里德里希二世的性格。憎恨弗里德里希二世的教皇得知苏丹的礼物中有撒拉逊[1]舞女,便在朝圣者中散布谣言,说这位皇帝[2]娶了苏丹的女儿和五十名撒拉逊女人。"

"他真的娶了吗?"

"没有,贝蕾妮克,事实上他与一位东方女子生了一个儿子,也就是安条克的弗里德里希。他的诺曼人祖先在西西里的确有佳丽成群的后宫,但弗里德里希二世本人只在后期才有许多女人。这些女人由宦官照管,住在他的城堡里,主要是在普利亚的蒙特城堡。他在教堂里正式结过三次婚,但是真正爱过的大概只有第一位妻子——比他大十几岁的阿拉贡的康斯坦丝。他曾是一个无人照管的孤儿,是康斯坦丝将他引入了时尚文明的宫廷世界。在康斯坦丝去世时,他将自己的王冠放进她的大理石石棺里陪葬,并为她刻下碑文:'我曾是西西里的王后,皇帝的妻子。现在我安眠在这里,弗里德里希,我永远属于你。'今天,人们在巴勒莫仍能看到石棺和碑文。这让我想到了西西里——顺着这个思路,我们到意大利南部普利亚的福贾去,弗里德里希二世大部分

---

[1] 欧洲中世纪对阿拉伯人的称呼,后泛指伊斯兰教徒。
[2] 在自行加冕为耶路撒冷国王之前,弗里德里希二世已经是神圣罗马帝国皇帝,再之前是西西里国王。

时间都住在那里。沿着这条小路下去，不用多费事就能到达福贾（这得感谢进化公园的周到设计）。"

就这样，他们很快到了另一座城市，也进入了另一个年代。

与此同时，塞内克斯接着说："弗里德里希二世在福贾的行宫只有一个刻着碑文的门拱保存下来。不过据当时的基督徒说，他的宫殿极其奢华，其东方风格的气派与豪华可以与西班牙穆瓦希德王朝的宫殿媲美。在几十年的时间中，它都是帝国的中心。依据弗里德里希二世的愿望，这个帝国要复兴'罗马帝国'，成为统治地中海世界的中心。进化公园仿照西班牙和阿拉伯的宫殿（比如格拉纳达的阿尔罕布拉宫）建造了这座宫殿的模型。"

弗里德里希二世的鸟舍

他们不知不觉来到了一座马蹄形的大门前，卫士全身佩带着各种武器站岗，旗帜在城垛上飘扬。他们穿过红色围墙围起来的庭院，阳光在墙上投下了很亮的图案。地上铺着白色的大理石，雪花石膏砌成的水泉台里传来汩汩的流水声。

水晶吊灯悬挂在铺满瓷砖的富丽堂皇的房间之中，墙上刻着阿拉伯装饰花纹[①]和碑文。他们听到吊灯轻轻晃动的声音、宫殿侍从小心翼翼的脚步声和书记员压低嗓音的说话声。每个门口都

---

① 阿拉伯风格的装饰，以缠绕交错的线条为特点。

能看到撒拉逊守卫那金光闪闪的铠甲，动作优雅的东方奴隶正将清水倒满银杯。

穿过一道门，他们来到了一座花园，展现在他们眼前的是一片长着树丛和灌木的草坪。不远处，有一个由多个隔断组成的大笼子，里面装着各种精巧的观赏鸟和极乐鸟——笼子可以保护它们，使它们免遭猛禽的利爪和尖嘴的侵袭。

"这就是弗里德里希二世的鸟舍，"塞内克斯解释说，"也是我们来这里参观的原因。你们看！他本人也在这里。"弗里德里希正在他的鸟群前沉思。

"他喜爱稀罕的动物，"塞内克斯说，"1231年，与他一道出现在拉韦纳王国庆典上的除众多随从外，还有他带去的许多珍禽异兽——大象、单峰骆驼、双峰骆驼、豹、猛禽，甚至还有狮子，很多是与他交往的东方诸侯送给他的。他想用这种方式来炫耀自己的统治，当然，他也的确对动物感兴趣。他热衷狩猎，喜欢观察自然，并且相信自然界具有理性的秩序，这一观点在那个时代是独一无二的。他对动物的习性了如指掌，甚至能给编写动物医书的人提供建议和指导。"

弗里德里希二世的鸟舍用铜条编成，围绕在绿色的灌木丛中。弗里德里希希望自己心爱的鸟儿仍然生活在大自然中。

笼子里的鸟儿抖动羽毛，蹦蹦跳跳，在有限的空间里飞来飞去。弗里德里希二世站在那里一动不动，他在观察一只鸢——一只特别漂亮的鸢，它长着棕红色羽毛，只有头和胸部是白色的。一只巨大的金雕在滑翔下降，它徐徐落下，利爪触到地上。

关于捕鸟的技术

这时，弗里德里希二世从沉思中被唤醒了。紧挨着鸟舍，在一排黄杨灌木丛前有一张大理石桌子，桌旁放着两把蒙着布的折叠椅。皇帝在一把椅子上坐下，一直躬身站在一旁的身材瘦削的书记员在另一把椅子上坐好，将几张抚平了的羊皮纸摊在桌上，准备好笔和墨水。塞内克斯招手示意三个年轻人向前走几步，以便更清楚地观察眼前发生的事。

"皇帝在口授一本书，"塞内克斯说，"这是一本关于捕鸟的名作——《捕鸟的技术》，这本书综合了他多年研究鸟类学的成果。请回想一下人类的初级阶段，从最初的狩猎到后来的圈养动物，现在终于开始关注和研究动物了。这本书证明了弗里德里希二世是第一个真正具有批评精神的自然科学研究者和最出色的猎鹰手。请听，他在前言中说些什么……"

弗里德里希说道："我们写这本书是为了还事物以本来面目。"

"对于他来说，最重要的是观察，"塞内克斯小声说道，"他对所有权威或传统说法都提出了自己的看法和批评，并补充了一些观察和结论。他的语言冷静客观、浅显明了，而且富有逻辑性。首先，他描述了猎鸟——它们的羽毛、飞行动作、筑巢的地方和生活习性。然后着手研究猎鹰——怎样喂养和照管它们。为了丰富自己的猎鹰知识，他还与阿拉伯的国王通信，让他们送来鹰和驯鹰人，就像你们在这里看到的那样。他还潜心学习古希腊、古罗马和阿拉伯的文献。在他之前从未有人这样仔细观察过鸟类，拥有如此广博的鸟类学知识，并传给后世。现在你们将听到他举的一个例子，这是他无数次观察中的一个，他以此反驳亚里士多德的观点。"

"反驳您在雅典时给我们讲过的亚里士多德《动物史》吗？"

"是的，罗曼。从这个时期开始，亚里士多德对西方文化的影响越来越大了。"

皇帝还在继续口授："人们可以在夜间通过鸟发出的声音辨认鹤、鹭鸶、鹅和鸭子，而不是像亚里士多德说的那样，通过飞行的动作辨认。它们在空中鸣叫是为了召唤其他的鸟。"书记员的笔在羊皮纸上飞快地写着。

"你可以通过猎鹰垂下的翅膀来了解它是否刚进行过远距离飞行或有没有被人长时间扛着。如果是的话，它的尾巴与背部将不再是笔直一线，它会将尾部支撑在驯鹰人的手上，这时尾巴和后背就会缩到一起，形成一个弯度。而且，它的尾部羽毛也不再以一种正常的姿势收在一起。它变得无精打采，翅膀不再扑腾，而是随意地翻动着。它的双脚也是这样。它双目迟钝，先是闭上一只眼，然后两只都闭上。"

"就看到这儿吧。"塞内克斯对他的三个同伴小声说，"我还想给你们讲讲这个人的多面性格。他被同时代人称为'世界最奇妙的改造者'和'通才'，要理解这一点，光看这本关于鹰的书是不够的。"

人不应该相信不能被自然和理性证明的事物

他们从柔软得像地毯一样的草地上走过去，进入了一个美轮美奂的庭院。院子中央有一眼水井，井水潺潺流进一个由十二只石鹰塑像支撑着的大理石水池。整个院子被精巧的白色石柱包围着，石柱的顶端由一排拱顶连在一起。院子里有许多凳子，塞内克斯就近坐下来。

"是什么使得弗里德里希二世具有如此特殊的意义呢？"

"他广博的思想和才智使他傲立于那个时代，斯特凡。他没有偏见，乐于接受外来文化——真是一个鲜见的特例。他与阿拉伯学者谈逻辑学、数学、物理和神学。他努力探索关于灵魂不死的证据……"

"这在当时肯定是亵渎神明的行为！"

"是的，正因如此他才多次被赶出教会。此外，他还怀疑灵魂是否真的不死。教皇这样评论他：'这位瘟疫般的皇帝宣称，人不应该相信不能被自然和理性证明的事物。'"

"难道他说得不对吗？"斯特凡问。

"这种思想也可能来自一位古希腊哲学家。"贝蕾妮克说。

"所以，人们也把弗里德里希二世称为文艺复兴的先驱。你们知道，文艺复兴是对古希腊罗马文化的复兴。我认为，从某种意义上讲，弗里德里希二世甚至开了启蒙运动的先河。"

"在这个信仰压倒一切的时代，弗里德里希二世的思想和行为是非常值得称赞的。"斯特凡说。

"请再多讲讲他的故事。"罗曼请求道。

"关于政治上的动乱与纷争我就不多谈了。"塞内克斯说，"他统治的时代充斥着持续不断的斗争，尤其是与教皇的斗争。弗里德里希二世以自己不屈的意志战胜了教皇。他使自己的居所——这座位于福贾的美丽宫殿成了西方科学、艺术和诗歌创作的中心。他的宫廷空前繁荣。他创建了那不勒斯大学，从当时非常著名的博洛尼亚大学聘请教授和学者来任教，'……在这里，我们精心设立的课程繁荣兴旺；在这里，优美的风景像丰饶的万物和饱学之士一样吸引着八方学子，源源不绝'。"

"这听起来像一篇现代的广告词。"

"今天的广告人应该为弗里德里希二世感到自豪，贝蕾妮克。当时意大利、阿拉伯和犹太的学者都前往那不勒斯学习。"

"真令人吃惊！除了神学他们还学什么？"

"比你们想象的多得多。他们在这里学习哲学、自然科学、医学、数学，当然还有占星学和炼金术。弗里德里希二世自己也参加所有科目的研修，他广博的语言知识让他的学习毫不费力，除了意大利民间语言——通俗拉丁语，他还精通拉丁语、希腊语、希伯来语、阿拉伯语、法语和普罗旺斯语。"

"简直难以置信！"

"也许有些夸大其词，罗曼。当时拉丁语已被广泛运用，尤其是在教会里、来往的公文中和大学里。在弗里德里希二世的倡导下，亚里士多德的许多文章以及阿维罗伊的评论都从阿拉伯文译成了拉丁文。"

"阿维罗伊？他是谁？"

"他是那个时代阿拉伯最伟大的哲学家，贝蕾妮克。这也是弗里德里希二世乐于接受外来文化的一个标志。在他的倡导下，还有许多其他的阿拉伯著作被首次译成拉丁文。这种将亚里士多德的哲学和阿拉伯思想综合起来的新思想对中世纪的哲学和神学产生了巨大的影响。托马斯·阿奎那的作品就是一个很好的证明，他也在那不勒斯大学学习过。我们后面还会专门谈到他。"

"那不勒斯肯定是一个充满生命力的城市，它既有维苏威火山做背景，又怀抱着童话般美丽的海湾。想想看，那里今天还保存着多么丰富的历史！可我们却并没有好好地利用它们，顶多不过有一些稍有兴致的游客拍几张照片而已，但历史的岁月却给我们留下了丰富的遗产。"贝蕾妮克说。

"但是，我们必须沉浸在过去的岁月中才能听到历史的脚步声。"罗曼赞同道。

意大利诗歌之父

塞内克斯继续说："弗里德里希二世多才多艺，还从事诗歌创作和研究。当时诗歌主要流行于法国和普罗旺斯宫廷。弗里德里希二世创立了一所专门的诗歌学校，在这所学校里，人们第一次用意大利语和西西里、普利亚方言写歌曲、颂歌和押韵的抒情诗。弗里德里希二世创作的几首抒情诗也保存下来了。"

"您能念一首给我们听吗？"罗曼好奇地问。

"我只记得前面一段，你们真的想听吗？"

"想听！"贝蕾妮克急切地请求道。

"这是一首忧伤的告别诗，据说可能是弗里德里希二世写给他的一位东方情人的：

啊，未曾料想，与爱人离别会如此感伤。
自从没有她相随，就再也饮不到生命的甘泉。
船儿将我从她的身边带走，痛苦充满心房。
没有她生命失去了意义，见到她生命之船才会启航。"

"诗里蕴含着多么丰富的感情和深切的思念啊！"

"是的，贝蕾妮克。所以西西里的行吟诗人和瓦尔特·冯·德·富格尔魏德[①]都盛赞弗里德里希二世的诗歌。意大利最伟大的诗人但丁在《神曲》中甚至把弗里德里希二世称为意大利诗歌之父。"说完，塞内克斯沉默了一会儿，四周一片宁静，只能听见井水汨汨流动的声音。

"弗里德里希二世为人怎么样？"

"这个问题很难回答，贝蕾妮克。他身上混合了许多特点：崇尚奢华、喜欢异国情调、风趣健谈、和蔼亲切，同时尖刻、冷酷，

---

① 瓦尔特·冯·德·富格尔魏德（Walther von der Vogelweide，约1170—约1230），德国骑士，抒情诗人。

甚至残忍无情，这种复杂性也许是他的诺曼祖先遗传给他的。他很自律，头脑冷静，但有时也会失控地勃然大怒。他注重物质和感官享受，在他身上存在着一种无法解释的矛盾：一方面是个自由思想者，怀疑一切，不相信天主教的教义；另一方面又受所处的时代和自己制定的惩治异端的规定的束缚，无情地追捕、拷问、迫害异端，甚至把人活活烧死。一方面他反对臣民中背弃信仰的基督徒；另一方面他保护犹太人，使他们免遭迷信和偏见的迫害。他尊重生来就有不同信仰的人。1235年，富尔达的犹太人被指控在逾越节的典礼时杀死基督徒小孩取血，弗里德里希二世竟袒护他们，并谴责这不过是个残忍的传说。他总是以最高裁决者的面目出现，非常偏激，所以很多人认为他是暴君，但是那些爱戴和信任他的人则认为他机智风趣，极具魅力。"

"我想，弗里德里希二世是具有多重性格的人，所以我们才会觉得他非常现代。"

"你说得对，罗曼。一方面他是一个基督徒，另一方面他又怀疑教会的许多教义。他是西西里人的儿子，后来由撒拉逊人监护长大，东方的富丽堂皇和阿拉伯哲学令他着迷。很遗憾，尽管这座宫廷如此漂亮，我们也不得不离开了。已经快到中午了，我还给你们安排了一个小小的惊喜。"

在最喜爱的风景中建造城堡

他们转身从那些守卫、大臣、宫廷侍从的身边走过，穿过大厅和庭院，最后从马蹄形的拱门走出了宫殿，宫墙外拴着四匹备好鞍的马。"我们骑一段马怎么样？"塞内克斯笑着问道，"这些马的脾气很好，你们可以放心骑。这样我们就能快点赶路了。我想让你们看一下这位皇帝最著名的建筑作品，它位于普利亚的一座小山上。你肯定知道我讲的是哪座建筑，罗曼？"

"蒙特城堡！"

"几分钟后我们就可以到达那里。"

一个身穿东方服装的仆人帮他们解下缰绳。四人一路策马小跑，马蹄在石路上发出嗒嗒的响声。他们离开福贾，很快进入了普利亚一片宽阔、阳光明媚的景色中。

"弗里德里希二世建造了许多城堡和避暑行宫，大部分是在他完成十字军东征后建造的，但蒙特城堡最能体现他的风格。据推测，这座城堡最初的设计是他亲自做的。也许在这座建筑物中，那种简洁明快的美和所运用的数学规律最能体现弗里德里希二世的性格。这位皇帝有意在他最喜爱的风景中建造城堡，想要通过这座人工创造的作品来升华和丰富大自然的美——我认为这是具有进化意义的。他既喜欢普利亚，也喜欢西西里。人们说，如果上帝看见过这块土地，看见过这块土地上的弗里德里希的王国，就绝不会选择巴勒斯坦做圣地。"

他们走了不到十分钟，只见一望无际的平原上耸立着一座秀美的小山，山上有一座八角形的黄色砂岩建筑，像一顶美丽的皇冠，旁边有八座塔楼守卫着。

"这是一座八角形建筑物，它综合了东西方的建筑艺术，你们可以联想一下耶路撒冷的岩石大教堂和德国亚琛大教堂里帝王祈祷室的建筑风格。这座建筑物的风格是独一无二的，'8'这个数在中世纪代表绝对和完美。此外，那时人们书写都用罗马数字，只有到弗里德里希统治期间才开始逐渐使用阿拉伯数字（准确地说，应该叫印度数字），这点以后再谈。人们也常把蒙特城堡与皇冠相比，它是用石头模仿皇冠这一帝国的象征而建造的。"

"我觉得它很雄伟，但有些阴森森的！"

"从外面看也许是这样，贝蕾妮克。但请想象一下，建筑里面是镶着金丝的大理石墙壁、马赛克地面、大理石浴池和按照古典风格创作的雕塑。在陈设极其奢侈的宫殿中，还经常举行各种各样的庆祝活动，这些活动的背后隐藏着许多秘密。我们不知道皇帝一般什么时候来这里居住，多久来一次，每次又会住多长时间。这座城堡难道不是普利亚的皇冠吗？从塔楼的平台上（弗里德里希二世的鹰也许飞上过这些平台）可以瞭望到山下无边的平原，天气晴朗的时候可以一直看到特拉尼，看到海，甚至可以看到安德里亚的白色房子，弗里德里希二世的三位妻子中有两位安葬在安德里亚的大教堂。"

"他也是在这里去世的吗？"

"不是，他虽然死于普利亚，但是在卢切拉的菲奥伦蒂诺城堡患痢疾去世的，年仅五十六岁。他的儿子曼弗雷德在弗里德里希二世生命垂危的时候给自己的兄弟康拉德写信道:'照亮世界、普照众生的太阳落山了,他是正义的太阳、和平的卫士。'根据弗里德里希二世的愿望,他的遗体被运往巴勒莫,在教堂里与他的第一位妻子安葬在一起。一方面,他是中世纪德国的最后一位致力于实现罗马人统治世界愿望的皇帝,他力图恢复罗马帝国的风采(但却是以十字军东征的形式);另一方面,他努力把政治与精神文化,即诗歌、艺术和科学结合在一起,是意大利文艺复兴的先驱。"

信仰的力量

这个小地方就是阿西西[①]

"好吧,现在我们该走了。"塞内克斯说,"我们继续向北,去拜访下一个著名人物,他也对中世纪产生了深远的影响,但影响的方式和弗里德里希二世完全不同。他与弗里德里希二世处在同一个时代,但要早出生几年。弗里德里希二世的影响力随着他的过世日渐消退,霍亨斯陶芬家族也早就分崩离析了;而我们要提到的这个人,至今仍有重要的意义,这个谦恭的人所做的一切令我们深受感动。你们知道我指的是谁吗?"

"我想,如果我们现在不在普利亚了,您指的应该是圣方济各。"罗曼大声说。

"我们已经离开了普利亚。"塞内克斯回答说。他挥了挥右

[①] 著名的朝圣地,位于意大利中部。

手，示意三个年轻人看看身旁已经变化了的景色。这里不再有南方明朗的天空，而是被凝重的银色包围着，灰色的山谷、陡峭的山坡，给人一种荒芜的感觉，光芒让高大的柏树格外醒目，透出肃穆的宁静。

"现在我们到了翁布里亚，前面这个用墙围起来的有不少灰秃秃房子的地方就是阿西西，它在苏巴修山的山坡上。上面有一个专为镇压老百姓而建的堡垒，也就是今天的罗卡-马焦雷。如果单纯从时间顺序来说，我们应该先来阿西西拜会圣方济各，然后再去看弗里德里希二世。但我们前面在帝都罗马停留了一段时间，我觉得罗马与弗里德里希二世的关系更为直接，因为他曾力图恢复罗马帝国的风采。我们现在得再退回去十几年。此外，在圣方济各和弗里德里希二世之间还有一种联系。1197年，三岁的弗里德里希二世（这位神圣罗马帝国的继承人）曾在阿西西大教堂受洗，而那时圣方济各已经十七岁了，也许他还观看过弗里德里希二世庄严隆重的受洗仪式。圣方济各原名乔瓦尼·贝尔纳多内，是一位从事纺织品贸易的富商的儿子。"

"阿西西的圣方济各，"斯特凡小声念叨着，"据我所知，他所宣扬的安于赤贫的清规戒律并没有被广泛接受，就连他自己修会中的门徒也没有全都坚守戒规。"

"的确是这样，斯特凡。"塞内克斯证实道，"小兄弟会（即方济各会）日益壮大，发展成一个有影响和财力的团体。会里的修士既是宗教裁判所成员，又是传道士，他们煽动民众反抗皇帝的统治。少数门徒仍然本着圣方济各的初衷，坚决反对放宽戒规；在圣方济各逝世一百年后，这些人被视为异端而遭到打压，他们中为首的四个人居然被活活烧死。圣方济各宣传博爱、和平和社会改革，他恪守这些生活信条，但却失败了。人人自食其力、生活清贫简朴、待人恭顺谦让的理想国最终破灭，什么也没留下。"

塞内克斯停了一会儿，好像在期待年轻人的反应，可他什么也没等到，于是只好继续说："但这不是圣方济各的过错，人们常称他为'小穷鬼'，而他却是人类和动物谦恭的朋友，是上帝天真单纯的仆人。他想拥抱高贵的贫穷，因此还没有一个圣徒能像他那样，在今天依然吸引着成千上万的朝圣者。"

"现在还有成群结队的商人带着香港制造的各种宗教小玩意儿过来。"

"这也不能说是圣方济各的过错，斯特凡。"贝蕾妮克大声说，"我到过一次阿西西，那种闹哄哄的朝圣场面我也不喜欢，让我根本无法感受到圣方济各所传播的福音。"

战火纷飞的意大利

"这就是我们这个时代的特点。"塞内克斯说，"我本来想说，这种现象是我们这个时代特有的，与他的时代不同，但我还是必须纠正我的说法。圣方济各所处的时代充满着动荡和不安。当时的意大利到处战火纷飞，阿西西正在与佩鲁贾交战。谁一旦要离开这个小城，就必须全副武装，做好应战准备。那时的皇帝是弗里德里希二世的父亲亨利六世，他是一个残暴冷酷、偏激专横的人，他与教皇对抗。当时，市民与贵族的矛盾十分尖锐，就连最小的城市都不可避免地会出现内战。你们必须把当时的城市都想象成一个个被团团围住的小岛，城市之间是战争四起的不太平地段，有时甚至是有野兽出没的原始森林。稍大一些的城市纷纷宣布自己为独立的共和国，以此反对皇帝的统治，寻求教皇的庇护。不应忽视的是，当时许多修道院，特别是天主教本笃会修道院却财富剧增，与许多人的贫困生活形成鲜明对比。修士们虽然也会行善，如给饥民施舍食物、给病人治病等，但是教皇和教会前所未有地强大和富有，而一般的平民百姓却在徒劳地追寻基督朴素的人格，企盼他带来福音。无论是教皇还是皇帝的统治，都未实现天主教的理想。上帝的思想究竟体现在哪儿呢？无数的百姓，甚至神职人员都寄希望于对教会进行一次彻底的改革。这时，出现了圣方济各，这个'继耶稣之后的第二大圣人'——人们是这样称呼他的。人们把他看成天主教会最伟大的改革者。他提倡让教会回到最初的那种简朴和单纯的状态中。但是他对教会一直忠心耿耿，只是想从内部进行改革。为了能公开宣扬他的信仰，他需要得到教会的许可。他不想成为被烧死的异教徒。他前往罗马，请求教皇英诺森三世批准他成立修会。这是一次具有纪念意义的会见。圣方济各看上去很像一个衣衫褴褛的流浪汉，所以教皇一见面便问他是否刚刚从猪圈里出来。当圣方济各引用《新约》、条陈教义所提倡的生活规则时，他们两人一下子接近了许多。圣方济各使教皇相信，通过这种提倡清贫的新运动，能使教会的地位更加巩固。圣方济各既正统又偏激，这正是教皇所需要的。如果要给这一时期勾勒出一幅大致的图画，那得谈上好几个小时，因为这个时代无论是精神上还是宗教上都充满混乱与纷争，到处都是分裂出来的派别，他们都狂热追求着基督的理想。中世纪的人生来就注定要经受苦难。他们缺少我们认为人理应拥有的一切，还要受自然灾害、饥荒和瘟疫的摧残。只有极少数人能过上健康自由的生活，大部分人面临着辛苦的劳作、无休止的迁移、寒冷、酷热和潮湿，数不尽的苦难！那时的人还远远谈不上能支配自己的生存环境，能活下去就是万幸。——好吧，先说到这儿吧。我们继续往前走，去阿西西南端。我想让你们去看一个小地方，就是今天的波尔蒂恩古拉。"

衣衫褴褛的人们

塞内克斯骑马在前面带路，他们穿过茂密的树林，来到了一片潮湿的草地。这里聚集着许多衣着朴素，甚至可以说是衣衫褴褛的人。一个男人蹲在路边，双手显露出艰难贫穷的生活痕迹。显然，他过着一种与世隔绝的生活，光着脚，穿着一件破旧肮脏的褐色袍子，没有梳洗的长发上系着一块头巾。

"他们把这种极其简朴的生活方式看成向新型人类迈进的过程。"塞内克斯解释说，"这些人来自四面八方，有的曾经当过兵，有的是市民的儿子，有的是年轻的贵族，还有年轻的手艺人和大学生。这些学生为了追随圣方济各，不惜离开学校。当然，圣方济各当时还未真正成为圣者。这群人中还有那些厌倦了法律条文的律师，他们希望在这里更接近上帝。有关仁慈的新理论像野火一样迅速蔓延。四面八方的年轻人潮水般涌向这里，慕名而来的人与日俱增。那时的语言还有着无穷的威力，百姓只能在教堂看到一点图像，思想主要靠语言来传播。"

贝蕾妮克、罗曼和斯特凡勒住马，四下环顾。在他们的脚下有沼泽地，有稀疏的草地，丛生着灌木和低矮的树林。一条小溪从山上蜿蜒而下，为人们提供饮用水。这些人走的走、蹲的蹲、躺的躺，身上穿着扎人的粗呢上衣，外面罩着一件褐色的棉布僧袍，腰间系着一根麻绳，脚上穿着木屐，还有穿粗树皮鞋的，但大部分都光着脚。他们生活在城外，住在木头和树枝搭起来的简陋茅屋里或山坡上挖出的洞穴中。

"他们还不了解什么教规，"塞内克斯小声说，"他们唯一的目的是追随基督的理想，严格按照福音所提倡的那样生活。圣方济各对于他们来说有如父母，甚至连小偷也加入小兄弟会的行列中。他们经常忍饥挨饿，有时甚至需要担心会饿死。冬天的情况更糟，山上积满白雪，他们经常不得不赤足在结冰的地上走来走去，靠烧木头取暖，仅仅能保证不被冻僵。"

"他们看起来像些没长大的孩子。"斯特凡不无同情地说。

"是的，他们认为自己是上帝的孩子，把所有人视同自己的兄弟姐妹。与卡特里教派相反（我们后面还会谈到卡特里教派），圣方济各颂扬自然的美，批评所有蔑视自然的人。"

"我知道，今天人们还把圣方济各称为环保者的守护神。"罗曼说。

"那在当时可不容易，因为《圣经》中并没有提出要爱护动物。"

"这也是《圣经》的缺陷，或者说是失职。"

"啊，不对，斯特凡，我不同意你这种说法。"塞内克斯反驳道，"我们今天才这么说，以前的人哪里知道要保护环境。"

所有人都沉默不语。

自然为人类创造了所有动物

终于，塞内克斯继续说道："所有宗教都是人类创造的。在每一种信仰中，人类都是中心。"

"在佛教中不是这样！"

"东方宗教对动物的爱护只是表面现象，贝蕾妮克。他们保护动物不是为了动物本身，而是认为动物身上附着死人的灵魂。我不认为这意味着对动物真正的爱护。"

"然而，许多动物，尤其是哺乳动物却得到了高度的进化。"贝蕾妮克说，"它们像人类一样能感受到痛苦和恐惧，它们也有感情。没有感情，它们根本不可能生存和繁衍。"

"人类一直在捕杀动物，只有当某些动物对他们有用时，才会去爱惜和保护。"斯特凡继续说，"耶稣也从未谈到过任何动物，可它们却与我们一起生存在这个世界上。他甚至从来都没提过那头他骑着去耶路撒冷的驴子。我觉得这很奇怪，一个自诩为上帝之子的人竟从未教导人去尊重动物和植物的生命——动物和植物在他父亲的作品中可是占有很大一部分比例啊！"

"但圣方济各这样做了。"塞内克斯反驳道。

"可单凭他一个人无法弥补这些。"斯特凡接着说，"这恰恰证明他是一个极不寻常的人。据我所知，就连在自己的教团中，他也没有多少真正的追随者。"

"好吧，斯特凡。托马斯·阿奎那不是圣方济各的信徒，而是多明我会的修士，但他与圣方济各几乎是同时代的人。他曾这样说过：'由于自然不会创造没有目的、没有用途的东西，所以有一点是无可辩驳的事实——自然是为了人类才创造了所有的动物。'"

"我倒认为，如果一切仅仅以人为中心，人类就不配享有'人'这一称呼，因为他并不具备作为人类应该具备的道德。"

"这点值得讨论一下。犹太教和基督教对动物的轻视，实际上体现了人类对动物的轻视。虽然各种传说和宗教中常常将动物奉若神明，但是没有哪种文化真正把某种动物作为一个物种给予过应有的尊重——更别说爱护了。人类可以任意摧残动物的生命。到今天，我们仍把动物看作物，而不是同类，我们必须认识到这是极其错误的。也许在许多动物濒临灭绝时，我们才会意识到它们与人类一体，都是自然的一部分。不改变人类这种伦理和道德观，未来将不复存在。"

"没有伦理和道德就不会有未来！"斯特凡补充说。

中世纪最强大的宗教力量

不远处有一群人围在一个人身边，这人正站在一块石头上布道。塞内克斯和三个年轻人走近人群。

这位修士身材瘦小，只有站得高些别人才能看见他。

贝蕾妮克吃惊地说："他个子真矮！"

塞内克斯回答说："他还不到一米五。"

他不修边幅，有些邋遢，面部消瘦，一副苦行僧的样子。他的颧骨高耸，头发散乱地披下来，长着一圈蓬乱的胡子，眉毛又浓又密，乌黑发亮的双眼一会儿仰视天空，一会儿看着面前的听众。

"穷人是幸福的。"他开始布道，"饱受苦难的人是幸福的，因为他们将在天国得到安慰。受尽屈辱的人将得到耶稣的祝福。爱你们的敌人，并拥抱他们吧！不要反抗加在你们身上的束缚，请别忘记了，天父的仁慈是无边的。"

斯特凡小声讽刺说："整个世界历史看起来还真是这么回事。"

"施舍吧，"这位修士继续说道，"数以千次地施舍吧，施舍给穷人。你们身边什么也不用带，不带包，不带钱，也不用穿鞋。谁愿意随我去忍受苦难，就请跟我一起走。"

"我们走吧。"塞内克斯把马牵来,对三个年轻人说。

他们快速向前赶了一段路。当他们到了一块没人的地方时,塞内克斯继续讲解道:"方济各会也许是中世纪最强大的宗教力量。圣方济各肯定是教会中最有牺牲精神和最让人感动的人。作为富商的儿子,在度过了优越而挥霍的青年时代后,他放弃了所有世俗的东西,一心寻求内心的宁静,倾听上帝的声音。"

"他的想法像一个孩子。"斯特凡说。

"他相信,天堂的大门向那些与上帝讲和的人敞开。"塞内克斯继续说,"他过着赤贫的生活,身边聚集了一批追随者。他们重建教堂。此外,他的德行还感召了妇女。一位叫克娜拉的女子竟要求他批准另外成立一个修会。她也想像圣方济各那样献身给上帝。她年方十六时,就与自己的两个姐妹一道离开富裕的家庭,拒绝嫁给富人,专门为阿西西的贫寒妇女设立了一个修会。她死后两年即被追封为圣人。"

"但是男人们真接受了她吗?"

"克娜拉建立修会肯定不太容易,一定有不少人反对,但是她成功了。圣方济各走遍了整个意大利,甚至还去了东方。但灾难性的十字军东征妨碍了他的远行。他试图进入圣地,说服十字军放弃东征。"

"在这一点上,他与其他圣人完全不一样!"

"他身患重病,双眼几乎失明,但门徒人数剧增。人们崇敬他,欢呼他的到来。弥留时,他身上出现了与耶稣被钉在十字架上相同的伤痕。他是第一个身上出现这种印记的基督徒。他写过一篇《太阳颂歌》。尽管当时流行用拉丁文写作，但是这篇却是用意大利文写的。他想将这首颂歌献给所有的人，包括广大的劳苦群众。这首颂歌是意大利宗教诗歌创作的开端，也是这类诗歌中最美丽的篇章。在《太阳颂歌》中，他赞美太阳是高贵的姐妹，满怀激情地歌颂他称为兄弟姐妹的月亮、风、水、火和土地。真正感人和不平凡的是，在那个时代他就能表现出对动物的强烈关爱——这一点我们已经谈过了。他这种对动物的爱护体现在许多关于他个人的传说中。他不但拥抱和亲吻麻风病人，而且还能使狂怒的狼平静下来，变得友善。他还与鸟儿对话，并写道：'如果有一天我见到了皇帝，我将请他降旨，禁止人们捕捉和伤害云雀妹妹。'"

"真的，我一想到意大利对鸣禽类动物的捕杀，就觉得他们真的没把自己的圣人放在心上！"

"是的，罗曼，这点真的无法让人原谅。你们知道吗？现在的世界动物日——每年的十月四日，其实是圣方济各的命名日。不过现在我们该离开圣方济各了。他属于十字军东征的时代，这是一个到处兴建骑士城堡和大教堂的时代。在这样杂乱而又黑暗的背景中，他对万物的友善和热爱显得尤为突出，所以人心都向着他。"

"虽然对这个人充满敬意，但那个时代对于我们来说已经十分遥远了。我们今天很难理解这种对信仰的狂热和对解脱的渴望。"

"你错了，斯特凡。"贝蕾妮克大声说，"即便在今天，仍有人在为某种信仰做出自我牺牲。"

斯特凡想了想，随即赞同道："你说得对，为了能升入天堂，各种教派、狂热的信徒、宗教激进主义者和殉道者比比皆是，在基督教中更是不少。即使在今天，也没有什么比信仰更能让人如此轻易地被诱惑了，也许人生来就是信仰的动物，为了信仰不顾一切、自我摧残，甚至杀人。"

贝蕾妮克和罗曼都表示认同，随后陷入了深思，塞内克斯没有打扰他们。过了不知多久，塞内克斯才又开口道："现在我们还不会离开中世纪，请记住弗里德里希二世和圣方济各这两个性格完全不同的人，没有人像他们那样改变过自己所处的时代。你们同意我的说法吗？"

他们三个人都点了点头。

经院哲学与虔诚的信仰

怎样才能走近上帝呢

"我先谈谈克莱尔沃的圣贝尔纳和阿伯拉尔。"塞内克斯开始讲述道,"的确,我们又得再往回退一段时间。但是把他们放在这里讲更为合适,因为他们身上汇集了新旧两种思想。我们知道,以前的人们从未像在中世纪那样渴望得到救赎。他们渴望了解和接近上帝,并在寻找上帝的过程中提出一些真正重要的问题。可到底怎样才能走近上帝呢?关于这点存在两种针锋相对的观点:以圣贝尔纳为代表的一派坚持认为,个人与上帝的联系是一种神秘的现象;而以阿伯拉尔为首的另一派却认为,应该通过分析上帝的言论来接近上帝,学者们纷纷进行思考、讨论和解释以寻求真理。圣贝尔纳却相反,他认为只有在自然中才能达到走近上帝的目的,而不是在书本里,因为上帝所创造的世界本身更能教导人们那些学者无法了解的事物。"

"这一争论到今天仍未结束。不过,我更倾向于阿伯拉尔的观点。"

"今天许多人都持这种观点,斯特凡。所以我才会专门谈到他。阿伯拉尔是那个时代最著名的老师,他毕生都在寻求真理。最初,他在巴黎建立了一所学校,巴黎那时还是一个小城镇,在塞纳河中央的城岛上——没有巴黎圣母院,也没有卢浮宫等富丽堂皇的建筑。阿伯拉尔的学校很快就名声斐然,吸引了来自四面八方的青年学子。阿伯拉尔是一位出色的演说家。他才华横溢、充满想象力,当然也很自大。他怪论百出,机智尖刻。他的思想令人深思,且经常引起讨论。人们想探究古希腊的思想家究竟是否能回答关于信仰和基督教的问题,而阿伯拉尔为中世纪建立了一种新的哲学形式——从两个对立面思考问题。"

"您是指辩证地思考问题?"

"是的,斯特凡,从此,经院派哲学诞生了。它开始在神学院,后来又在大学得到了发展。到了十三世纪,托马斯·阿奎那和大阿尔伯特使它达到了顶峰。"

"人们不会因此而忘记古希腊哲学家吧?"

"当然不会,罗曼。你们对此将会有更多的了解,我们后面谈到阿奎那的时候还会谈到这点。阿伯拉尔主要受亚里士多德哲学思想的启发。当时出现过许多有关古希腊、古罗马、阿拉伯甚至犹太思想家著作的译本,这些书对中世纪的哲学思想产生了影响。渐渐地,亚里士多德的学说越来越被经院派哲学家了解。阿伯拉尔绝不可能相信某种自己不理解的事物。"

"我也是这样。"斯特凡小声说。

"阿伯拉尔想在寻求真理的过程中认识真理。如果书里的某些思想他无法理解，那么这些话对他来说就毫无意义。在他看来，不加理解就相信某种事物的人是盲目的，而那些毫无顾忌地误导别人的人更应该受到谴责。他认为怀疑和探讨能使人获得知识，并提出切实的问题。他还援引了最敏锐的哲学家亚里士多德的语录，由此打破了宗教对哲学的禁锢。他使思想变得更加符合逻辑，并将之与阿拉伯人和古希腊人的思想融合在一起。从这个意义上说，他超越了自己所处的时代。"

信仰是体验上帝的存在

"贝尔纳的观点呢？"

"贝尔纳认为，必须先有信仰，有了信仰自然就能理解信仰。对于他来说，信仰就是直接体验上帝的存在。他说自己曾有过这样的体验，什么也不能动摇他的信仰。他鄙视那些声称什么都不能被理解并对一切都抱怀疑态度的学者。他信仰坚定，任何东西都无法使之动摇。"

"不管怎么说，这点倒是让人羡慕。"罗曼说。

"在贝尔纳的努力下，熙笃会得到了新的发展。熙笃会这个名字是从西托修道院引申出来的，它的教规过于严厉，以至于面临解散的危险。熙笃会规定修士必须严守赤贫的生活，戒除所有肉体的享受；不许接受教育，也不许接触科学知识和诗歌艺术；禁止一切奢侈的生活，必须在花园和修道院里从事繁重的体力劳动。这些教规吓跑了许多年轻人。贝尔纳是一个骑士的儿子，但他抛弃富足舒适的生活，到西托修道院修行。他不但成功地争取到了二十九个见习修士，而且还把他的兄弟、叔叔和几个朋友带进了修道院，让母亲和姐妹也做了修女。"

"他肯定极具说服人的才能。"罗曼说。

"是的，他完全沉浸于自己的神圣使命中。他在一片森林里建了一个修道院——'克拉拉之谷'，意思是'光明之谷'，后来被称为克莱尔沃修道院，他是这个修道院的院长。"

"所以后来人们便称他为克莱尔沃的圣贝尔纳。"

"是的，贝蕾妮克。他不断传道，揭露不守教规的修士，谴责异端分子，努力说服别人进修道院修行。他对教会僧侣制度产生了很大的影响。他还敦促当时最有影响力的政治家、圣丹尼斯修道院的院长叙热对修道院进行改革。贝尔纳的传道深深吸引了信徒们。他对当时的教会和国家政策所产生的影响堪比宗教大会、大主教、教皇和皇帝。他多次离开简陋的修室，去完成自己的政治使命。他巨大的人格力量几乎超出人的想象。人们会亲吻他的脚，从他的僧袍上撕下布块当圣物保存起来。病人向他祈求健康，农民向他祈求丰收——到他死的时候，各地的熙笃会修道院多达大约三百个。"

"这样我就很容易想到，不能理解他的人在当时会有多么危险，要是与他为敌，那情形就更糟了。"斯特凡说。

"当时贝尔纳和阿伯拉尔两人之间有过面对面的争论吗？"贝蕾妮克问。

"可以说有，也可以说没有。据说两人之间有过一次争论，发生在 1140 年在桑斯举行的宗教大会上。当时的君主以及许多大主教和教会其他身居要职的人物也出席了会议。但是在会议的头天晚上，贝尔纳便在与会者中煽动起反阿伯拉尔的情绪，导致阿伯拉尔只有被宣判的份儿。阿伯拉尔提前离开了会场，因为这个会议只不过想迫使他面对一次宗教审判，而不是真正的辩论。他表示自己将直接向教皇申明案情，贝尔纳却抢先采取了行动。最后，阿伯拉尔被逐出教会——在中世纪，这是一个信徒所能碰到的最糟糕的事情。阿伯拉尔的世界观具有强烈的宗教色彩。在他看来，被逐出教会就意味着死后必须下地狱，失去了享受极乐的机会和见到上帝的真福，而这是他毕生最大的心愿。他的手稿在罗马被焚毁。和苏格拉底当年一样，阿伯拉尔被指控引诱青年堕落，而青年正是贝尔纳和他的修道院要争夺的对象。像许多面临这种艰难处境的人一样（如后世伟大的伽利略），阿伯拉尔终于屈服了。他宣布自己不再想做一个哲学家，因为做哲学家意味着与圣徒保罗不和；他不愿再做一个亚里士多德那样的哲人，否则就会被耶稣抛弃。后来他作为克吕尼修道院院长的客人，在那里度过了最后的几年。临终前，教会终于又接受了他。"

中世纪的恋人

"我得承认，在此之前，我对阿伯拉尔唯一的了解就是他与埃洛伊兹著名的爱情故事。"罗曼说，"埃洛伊兹是阿伯拉尔的学生，一个很有才智的姑娘，他爱她，并（按当时的说法）与她私通。他后来娶了她，但只是秘密地结了婚。他不想让这段关系影响自己作为神学权威的名声，所以他把年轻的妻子安置在一个修道院。埃洛伊兹的亲人荒唐地认为阿伯拉尔这样做等于承认了自己的不忠，于是报复性地阉割了阿伯拉尔。"

"这是中世纪的血腥复仇——非常残忍和愚昧。"斯特凡小声说。

塞内克斯又提起罗曼刚才的话题："埃洛伊兹待在修道院里，她接受过在那个时代看来不同寻常的教育。那个时候，在极个别的情况下，妇女也有可能完善自己的个性。当时的诗人已不再像以前那样把女人当作贞洁、温顺的象征来描述，比如《特里斯坦和伊索尔德》之类的作品甚至会赞扬恋爱，这让人心动，尤其是女人。埃洛伊兹具有自由的精神，她竟宣称道德与肉体无关，而与灵魂有关。如果从她写的那些信判断（这些信许多大概都经阿伯拉尔加工过），可以说她是那个时代最有进步思想的人之一。然而现在的人只把她看成阿伯拉尔的情人。人类就是这样盲目，怀有无法改变的偏见，对阿伯拉尔本人也不例外。虽然他本来是现代神学的创立者，但他留在人们记忆中的却主要是一个被阉割的情人。"

"阿伯拉尔和埃洛伊兹后来团聚过吗？"

"没有，贝蕾妮克。但作为某种补偿，为了表达对他们的崇敬，人们把他们一起安葬在巴黎的拉雪兹神父公墓。"

"听起来您并不完全认为妇女能独立生活，因为您刚才说，埃洛伊兹的书信可能出自阿伯拉尔之手。"

"我想给你举个相反的例子，贝蕾妮克。"

文学与音乐

没有思想深度的美文

塞内克斯接着讲道:"我要说的是克里斯蒂娜·德·皮桑。她于1365年出生在意大利,后来进出于法国国王查理五世的宫廷。二十五岁时,她便失去丈夫,后来一直与母亲和孩子相依为命。她大概是西方第一位仅靠写作养活全家的妇女,就像是一个职业作家。她说自己一开始时写的是一些'没太多思想深度的美文',后来一心钻研写作,风格越来越优美,内容也越来越有分量。她共写过十五部作品,整整五十大本。"

"但是她怎么出售自己的书呢?那时可还没有印刷工人,也没有出版商。"

"是的,贝蕾妮克。她只有一个途径——把书寄给贵族或富豪,从他们那里得到相应的经济援助。这些人中有法国王后伊莎贝尔。皮桑有一部作品名为《女性城市的书》,书中塑造了三个寓意深刻的女性形象：正义夫人、公平夫人和理性夫人……"

"理性夫人？在那个时代她能这么写？"

"还不止这些呢，斯特凡。当时她还竭力反对男人们的看法……"

"那她也反对教会的说法吗？"

"是的，她反对所谓女人的智力不如男人的论调，认为如果女子能够进学堂、进入大学学习，那么她们会学得和男子一样好，她们也同样能理解和掌握艺术与科学的精髓。"

"简直可以说她是妇女运动的先驱了！"

"从某种意义上说是的，贝蕾妮克。用我们今天的话来说，她不仅是作家，还是社会学家、教育家、梦想家、记者、管理者和历史学家。此外，她还是一位称职的母亲和家庭主妇。"

德语文学中伟大的诗人

"我们讲的话题有些超前了，"塞内克斯继续说，"我们本来还应该停留在阿西西的圣方济各那个时期。在继续赶路之前，我想讲讲瓦尔特·冯·德·富格尔魏德，前面我曾提到过他。"

"他对人类的发展做过什么突出贡献吗？"

"他可是德语文学史上第一位重要的骑士抒情诗人，斯特凡！"罗曼随即背了一段他的诗：

在郊野里的，菩提树下，
是我们俩人的卧床。
我们采折了，许多花草铺下。
在森林边的山谷里，汤达拉达伊！
夜莺的歌声多么甜蜜。

贝蕾妮克微笑着对他说："这让我想起萨福和她的情诗。前天我们还在莱斯沃斯岛，而现在一千五百年过去了，可人是多么地相像啊。"

"从爱情本身来说，人是相似的，贝蕾妮克，但是在怎样享受爱情这方面却有着很大的区别。直到今天，教会仍把婚外性关系看成一种罪恶，它使人产生一种无法摆脱的犯罪感。"

"你说得对，斯特凡。"

"瓦尔特·冯·德·富格尔魏德的这首诗，写的是一对相爱的人在野外欢度良宵，他们不会是一对夫妻。这诗在当时肯定被认为有伤风化吧。"

"是的，贝蕾妮克，但也具有革命意义。瓦尔特·冯·德·富格尔魏德的作品开创了德国抒情诗的新局面。他经常在外漫游，不过你们可别把他想象成一个骑士或英雄。在路上他常常面临各种危险，因为他外出时主要靠步行，有时也骑马——常常是些可怜的老马而已。他一直在向王公贵族寻求经济上的帮助，为此常写赞美诗歌颂他们，而通常他能得到一件旧大衣就很幸运了。当他没有受到很好的接待，或别人不给他提供较好的膳食时，他也会大加指责。直到晚年,他才从弗里德里希二世那里得到一块位于维尔茨堡的封地。他不像别的诗人那样歌吟古老的英雄传说和骑士童话,而是以现实生活为主题,关注人类的灵魂和世界的变化。他的诗风格轻松流畅,表达自己的所见所感,在内容和形式上都突破了宫廷骑士爱情诗的框框,改变了深受普罗旺斯行吟诗人影响的传统宫廷抒情诗格局。"

"他也是德语文学中第一位政治诗人。"

"是的,罗曼。也许我们还应该谈谈这个时期的宫廷抒情诗和音乐。当时,有许多到处漫游的诗人与唱诗人,他们的诗歌没有文字,只是口头传唱。直到这个时代过去后,人们才将它们记录下来。"

"但在十字军东征的时代就已经有宫廷抒情诗人了。"

"你说得对,罗曼。当时流行的这种歌唱形式肯定也像今天的民歌和摇滚乐一样生动。可惜的是我们对它们的了解已经不多了,只能努力发掘和复制。宫廷抒情诗表现出一种新的气氛和感情,形成了独特的文化。诗人会在创作中美化女性(当然这样的爱慕和崇拜只存在于诗歌里),还美化爱情,提出'骑士爱情'的概念来对抗教会的观点。"

"这么说,爱情只是一种诗意的宣言?"

"是的,贝蕾妮克。人们享受性爱,但不能自由谈论它。教会通过这样的禁令来遏制人追求感官享受的欲望。——我们还是继续赶路吧。先向北走,然后向西穿过法国,去卢瓦尔河那边。你们已经了解进化公园了,这不会花很多时间的。"

男孩们照着乐谱唱歌

塞内克斯骑着马继续往前走着,三个年轻人紧随其后。

"瓦尔特·冯·德·富格尔魏德生活的那个时期有许多人爱唱歌吗?"罗曼问。

"是的,到处是吟游诗人和歌手。人们在做礼拜时唱歌、在庆典中演奏音乐,古琴、琉特、管风琴、竖琴、长笛、喇叭都很常见,还有各种各样的打击乐器。当然,这些乐器不能与今天的相提并论,它们还相当原始。当时许多教堂已有了管风琴,常在大型宗教仪式中演奏。这种琴最多有十到十二声管。人们已能用多声部和复调唱歌并演奏了,这是中世纪对音乐发展做出的重要贡献。"

"乐曲和歌词是怎样流传的呢?"

"罗曼,你能问到这点太好了。"塞内克斯在马上往前靠了靠,"要传唱乐曲和歌词的确有很大的困难。首先,要有能表示升调和降调的音符,也就是一种上扬或下降的标志,古埃及人已经掌握了这一方法。到了中世纪,人们用字母对这种音符做了补充,还加上了节奏的标志,然后用辅助音线按每组一到三个对之进行分组。——现在,请你们看看东边,波河从那里汇入地中海和它的潟湖。——不,罗曼,别朝那边走,我们现在不去威尼斯,以后再去。你们看,那片沼泽地上有一线光芒,那里是我们的下一个目标:蓬波萨本笃会修道院。不过我们只在那里短暂停留。而且,我们还得倒退回去一段时间,回到十一世纪初,圣方济各出生前二百年。"

塞内克斯策马沿着一条羊肠小道朝右走，穿过蚊虫肆虐的泥泞草地。很快，孤寂的旷野中出现了一座有着四边形钟楼的修道院，周围是一些灰色石头砌的低矮建筑物。他们翻身下马，把马拴在墙边，然后穿过修道院的柱廊，礼拜堂里传来男童的唱歌声。教堂里光线昏暗，仅有窗口的微光和几支蜡烛在照明。他们在门边站了一会儿，在眼睛适应昏暗后，他们看见圣坛旁边站着一群身穿黑色裙式长袍的男孩，这些男孩正在一个身穿黑色僧袍的本笃会修士的指挥下唱着一首赞美歌，声音清脆又圆润。

四人凝神听了一会儿，随后，塞内克斯说："我想请你们注意一个现象，你们好好看看那边，那些唱歌的孩子有什么特别的地方吗？"

"我什么也没有看出来。"罗曼回答说。

"看不出来是因为这个现象在你们看来太理所当然了。但是在那个时代却是件新鲜事物：男孩们手里拿着歌谱，他们照着乐谱唱歌。当然，他们还不可能拥有我们现在使用的完整乐谱，不过他们已经开始运用记谱法了。这位修士叫圭多，他于公元992年出生于阿雷佐，是他想到用彩色的平行线来记录乐谱——一开始是用四条线，每条线间隔三度。"

"这样人们就能记录曲调了？"

"是的，贝蕾妮克，只是还不十分准确，也没有节奏的划分。"

这时，只听见唱诗班的指挥很不耐烦地拍了拍手。合唱团马上停了下来。这位修士走到一个男孩身边大声训斥道："你难道没看见吗？贝波纳，这里是'嗦'音。你可是会唱音阶的，你把音阶从头给我唱一遍。"

男孩连忙顺从地结结巴巴唱道："哆——来——咪——嗦……"

"不对，再重唱一遍！"

"哆——来——咪……"男孩唱到这里便顿住了。

一个同伴走到他身边教他接着往下唱："发——嗦——啦……"

"好吧，如果歌谱上写的是'嗦'你就唱'嗦'。"然后他们又唱了起来。

"阿雷佐的圭多将赞美诗《施洗的约翰》的各个半行的第一个音节用作音阶的前六个音名。"

"您知道阶名唱法吗？我们大家都学过'哆、来、咪、发、嗦、拉、唏'，但是我们也想知道这些音名到底是从哪里引用来的。"

"我当然知道，罗曼。"说罢，塞内克斯把原文背了一遍：

Ut queant laxis resonare fibris

Mira gestorum famuli tuorum

Solve polluti labii reatum.[①]

"这里，我们大概用不着把内容翻译出来了。因为这段诗的

---

① 以上引文为拉丁文，Ut 即西方音阶唱法中的第一个音名。

内容并不重要。此外这里'Ut'音'do'。如你们所知，这种音符的命名一直沿用到今天。但是更为重要的是四根音线，后来还出现了第五根——五线谱形成了。这种新的线谱体系连同'哆、来、咪、发、嗦'的音符使得唱诗班的男童能在较短的时间内学会一种曲调，而此前他们要花上几个星期才能学会。"

"这真是一个伟大的进步。"罗曼说。

"今天阿雷佐的广场上竖立的纪念碑正是为了纪念圭多的发明。他赢得了'音乐发明者'的称号。有了他的发明，人们就不必背诵全部祷告文，曲目的流传和保存也更为简单便捷。从这时开始，音乐像文字一样可读可写，作曲家也摆脱了传统的束缚，走上了一条新的发展道路——他们在乐曲创作中能运用两个或多个声部以及不同的旋律。"

"这几乎和文字发明一样重要。"罗曼说，"我真想在这儿多待一会儿，听听这里的音乐。"

"可惜我们得走啦。把这美妙的画面和音乐留在你们的脑海中吧。除了画面和思想的记忆，我们的心里还应该给美妙的音乐留下一席之地。"

他们在一片悠扬的圣歌声中离开了教堂。

在往回走的路上，塞内克斯说："你们注意到那些飞来飞去的蚊虫了吗？蓬波萨修道院很快被弃置了，因为这些蚊虫使得疟疾流行。当时，人们不知道蚊虫可以传播疾病，也不知道该采取什么措施。这个问题一直到我们这个时代才得以解决。"

技术与教堂

早期资本主义的一种形式

一路上,景色在飞快变化着。山丘、树林和庄稼从他们面前匆匆掠过,不时还能看见远处的城墙和城堡。他们来到了一个风景秀丽的地方,与他们刚刚离开的意大利相比,这里的景色要柔美得多。一切显得温和而宁静,用"恬静"来形容一点也不过分。

"这就是甜美的法国。"塞内克斯用一种歌颂的口吻介绍道,"我们刚才不仅走过了勃艮第省,而且跨过了三百年的时间。现在我们进入了十三世纪,在历史分期上,此时仍是中世纪。"

对面的山上有不少风车,四块宽大的叶片不停地转动。紧挨着山脚的地方,一条不太宽的河奔流着,荡漾起无数的漩涡。河边磨坊的水车也在飞速转动,它的直径足足有三个人的身高加起来那么长。

"水磨和风车在竞争,"塞内克斯解释说,"不过这里的水磨和风车都属于同一个地主。结果证明水磨比风车更为可靠,因为它不受气候变化的影响。"

河上架着一拱石桥,一个农夫正赶着一头驮着粮食的驴子从桥上走过。

"可以说,这就是机械化的开始。"

"这种磨坊不是早就有了吗?"

"是的,早在古希腊就有了。一位名叫维特鲁威的工程师曾详细描述过水磨机的原理,它由叶轮、齿轮和轴组成。但是这一伟大发明直到十三世纪才被广泛运用。风车和水磨的使用终于把人们从单调而繁重的体力劳动中解放出来,而当时这种劳动主要由奴隶、妇女和动物承担。"

"也许机械化正是由于人们觉得某种劳动太繁重才产生的。"

"你说得对,斯特凡,缺少劳动力也是原因之一。在初期的农业生产中,人们必须用手去搓碎谷物;在轴发明后人们才开始磨粮食,研磨机靠动物或人拉动。现在又出现了水磨机。人们学会了把水作为驱动力来使用,这是技术发展的一个新阶段,它极大地降低了劳动强度。磨坊的伙计只需把粮食从袋中取出来倒进安在上面的漏斗里。"

"如果早就有了磨坊,您为什么现在才安排我们看呢?"

"有两个原因,贝蕾妮克。第一个原因是:磨坊是中世纪标志性景观之一,它像地里冒出的蘑菇一样到处都是。曾经有人计算过,大概平均每二百五十人就至少拥有一座磨坊,甚至还有人推测每四百人就拥有十座磨坊。"

"那磨坊工人一定很富有？"

"不，罗曼。富有的只是磨坊主，他们把磨坊当作增加财富和压迫人的工具。所有人都依赖磨坊，那些靠给别人的农庄干活而自己没有一寸土地的农奴是这样，拥有少量土地的佃农也是如此。他们都不得不到主人的磨坊去磨粮食，而获得多少报酬则由磨坊主决定。磨坊象征着贵族对土地和农民的统治，就像城堡象征着他们的财富和权力一样。"

"这是早期资本主义的一种形式。"

"至少是一种从属和被奴役的形式，斯特凡。不过，我们又该往前走啦。"

上帝，我想离你更近

塞内克斯好像不知疲倦似的，又策马向前跑去。周围的景色变得明朗起来，土地更加肥沃，葡萄园也越来越多。

塞内克斯高声喊道："你们先停下看一眼，那是哥特式建筑的杰作——沙特尔大教堂！"

柏杨树和柳树在风中发出沙沙的响声，农夫在田间挥舞镰刀收割干草。远处，一座教堂在西沉的夕阳中显现出来，它有两座高耸入云的塔楼，被一道环形的城墙团团围住，但从城墙外可以看见教堂那不规则的锯齿形三角墙。它宛如一块陡峭的岩石，整个城市都挤在它周围。

"越靠近它，就会越觉得惊奇。"他们穿过城门，通过一条狭窄的小巷来到了一个小山包上，教堂就耸立在这里。他们停住脚，眼前的大教堂高入云端，屋顶上有许多圣人的塑像，在夕阳下栩栩如生。

"这体现了人类对靠近上帝的渴望，这种强烈的渴望激励着他们建造如此宏伟的教堂。他们向往天堂，所以把教堂建得又高又尖。"

"但是屋顶下的滴水嘴却像从墙里伸出的魔鬼脑袋，多么丰富的想象力啊！"罗曼一边仰视教堂，一边不停地念叨着，"上面有狼、猪、蟾蜍、蝙蝠……"

"你看得很清楚，罗曼。这些动物源于异教徒的驱魔法，但它们无损于人对上帝的虔诚。要在信仰和迷信之间划清界限本来就非常困难，甚至可以说是不可能的，至少我们今天不准备做这种尝试。中世纪的人缺少对事物的批判能力，很少有人（或者说几乎没有人）持怀疑态度。对一切看似可信的东西，他们都信以为真，尤其是那些符合自己愿望的说法或与自己的恐惧相似的事物，否则就无法解释他们为什么会那么相信巫术。迷信往往与基督教给人们的希望交织在一起。当时，人们生活在对鬼神和恶魔的恐惧中，认为所有恶的东西都来自一种神秘的力量。人们相信星星（如土星和火星）能影响人和生活，占星术活跃且到处盛行。经常出现各种各样的预言，关于奇迹的诞生和怪胎出世的流言也会迅速传开，人们惊恐地把这些传言当成真事。后来，历史学家之所以把中世纪称为'黑暗的中世纪'，主要原因在于早期基督教的信仰混乱，充斥着对犹太人、罪恶、死亡、魔鬼和地狱的恐惧。"

"今天的基督教又有什么不一样呢？大多数人身上的中世纪痕迹都没有完全褪去。"

塞内克斯若有所思地摇了摇头："我不知道该怎么说，斯特凡。"他回答说，"不管怎么说——人们在那些拥挤而黑暗的房屋中、在壁龛和柜子里供奉着地精、小精灵、女精灵和家神，寻求它们的护佑。没有任何一种活动没有恶魔插手。人们会祈求土地之神带来丰收。最具魔幻色彩的是每年圣约翰节[①]的前夕。不过，迷信和与之相伴相随的巫术一直到后来，也就是到十六七世纪才达到了骇人听闻的程度。直到启蒙运动的兴起，这种可怕的疯狂才渐渐减弱。"

说着，塞内克斯抬头看了看屋顶的滴水嘴，说道："现在，你们还是再领略一下这座教堂的风采吧。我刚才只是想解释一下上面那些动物雕塑的意义。"

高高的玻璃窗之间几乎看不见墙

"这里太令我震动了。"贝蕾妮克兴奋地说，"我从来不知道

[①] 夏至后的两三天举行的庆祝节日，又名仲夏节。

教堂可以装饰得这么五彩缤纷！"

金色、白色，特别是蓝色、黄色和红色，使教堂的外墙、尖顶和各种塑像闪闪发光。大教堂呈现出一派欣欣向荣的景象。

"要给石头披上外衣来遮挡生硬感，颜色是最好的工具，贝蕾妮克。"

教堂的周围有许多房屋、客栈、木结构的建筑物和建筑工棚。他们找到一垛围墙，把马拴在那里，然后沿着台阶走上去，从大门进入教堂。无数点燃的蜡烛将里面照得亮堂堂的，烛光一直映照到高高的玻璃窗上，玻璃窗之间的墙几乎看不出来。

他们停下来，前面正在做弥撒。修士们正在唱最后的圣歌，歌声在教堂中回荡着，一直飘到教堂的尖顶。修士们聚到一起，前来做弥撒的信徒则分坐中殿两侧和横殿。这里大约有三十名修士，他们都身穿白色的修服，外披一件黑色长袍。刚刚唱完歌，神父便开始给信徒赐福。人们在胸前画着十字。修士们戴上风帽，从教堂中央的通道走出教堂。

"要知道，大教堂不仅仅是人们祈祷的地方，它也是倾听教诲的地方。教士们慷慨激昂地呼吁骑士去参加十字军东征。大教堂还给最隆重的庆典提供活动场所，这里挂满精心编织的壁毯，弥漫着袅袅的香火味。此外，它也是聚会的场所：人们在这里闲聊，年轻人玩闹、献殷勤；它也可以供人避雨，商贩们纷纷在旁边搭建摊位，售卖酒和其他生活用品。"

人必须通过感官才能产生对上帝的直接认识

他们的目光穿过密密的柱子朝上面看去。贝蕾妮克下意识地抓住了罗曼的手,斯特凡的心一下子就冷了,他感到一种说不出的孤独。

"这么薄的墙居然能撑住屋顶。"

"屋顶主要靠柱子支撑着,贝蕾妮克。"塞内克斯解释说,"这些柱子看上去有些弯曲,其实它们一直伸向顶端,嵌进屋顶;大大小小的玻璃窗弥补了墙面的不足,这真是个点石成金的法子。这座大教堂的建造者之一、修道院院长叙热是一位政治家和历史学家。他曾经指出,从对教民施以影响和教诲的角度来说,玻璃上的绘画比壁画更为理想,因为它能够带来更强烈的感官感受,此前那些无光泽的壁画远没玻璃绘画那么生动。人必须通过感官才能产生对上帝的直接认识。请别忘了,当时只有极少数人有读写能力。色彩和玻璃的透明度让人更能够直接感受到上帝的存在。它们对于教堂来说,比树木对于森林和星辰对于天空的意义还要大,它开辟了一条通向上帝的新道路。"

"我想,如果不设身处地地体会他们的信仰,我们将无法理解中世纪的一切。"

"的确是这样,罗曼。"塞内克斯继续说,"这种教堂不属于现代。对于中世纪的朝圣者来说,这些教堂真的可以让他们看到天堂的景象。他们跋山涉水,仅仅是为了看一眼他们期望有朝一日能进入的天国。"

"我认为，对于朝圣者来说，教堂以及玻璃窗、绘画、雕塑……"贝蕾妮克开口说道。

"比神学家的那些咬文嚼字更好理解。"罗曼接过话说。

窗外的光线不太强烈，但是教堂里的色彩仍然清晰可见。蓝宝石和红宝石匀称地镶嵌在石板铺成的地面上。蓝色的穹顶仿佛群星在闪烁，红色的柱子、金色的穹顶、石灰浆的色彩甚至与玻璃和镜子融在一起，发出一种不真实的光。他们沿着教堂中间的通道向圣坛走去。

"沙特尔大教堂是什么时候建造的？"

"十二至十三世纪，贝蕾妮克。"塞内克斯回答说，"当时，为了建造各地的大教堂，仅在法国从采石场采来的石头就比古埃及建造神庙和金字塔用的还多，人们总共建了八十座大教堂和五百座修道院。建设的繁荣兴旺带动了技术的巨大进步，因此，人们也把这一过程称为十三世纪的工业革命。"

塞内克斯给三个年轻人留出一些时间去感受沙特尔教堂的辉煌，过了好一会儿，他才继续说道："请转身朝西，顺着这条长长的甬道去看教堂的大门和大门上端，你们会发现，唱诗班席位旁的玻璃墙正渐渐变暗，一朵巨大的玫瑰在闪闪发光。"

这朵大玫瑰几乎占满了大门顶上的那面墙，它放出蓝色的光芒，玻璃上柳叶形的边框和充满艺术魅力的装饰，使它看上去像真的一样。

"这朵玫瑰是贞洁的象征，也是圣母的象征，但同时也是审判之轮、宇宙以及光明的象征。"塞内克斯轻声解释道。

尽管教堂里面人头攒动，但是仍能感到它的肃穆与宁静。因为在这巨大的空间中，声音被宁静笼罩了。

"我的生命多么微不足道！"贝蕾妮克充满敬畏地想。

圣母马利亚的袍裙

"我还想给你们讲讲哥特式建筑。"塞内克斯又开始讲道，"在此之前，人类从未像现在这样把自己的信仰热情与设计上的大胆创新结合在一起，建筑的一切都变成了艺术。除了我刚才所讲过的功能外，沙特尔大教堂还具有非常特殊的意义，它是圣母马利亚在凡间的居住地。这里供奉着最著名的遗物：马利亚在圣母领报节穿的袍裙。据说这件袍裙很早就显灵了，但对圣母马利亚的膜拜直到十二世纪才在教民中流行，对此沙特尔大教堂的富丽堂皇肯定起了非常重要的作用。沙特尔大教堂的建造历史颇具传奇色彩。沙特尔教堂曾一度被焚，当地教民十分担心这件珍贵的袍裙难逃劫难，但人们在教堂地下室找到了完好无损的袍裙——需要为这件袍裙和圣母重新建造一座新的、更加宏伟的教堂，它应该成为整个基督教最美丽的建筑。在长达二十五年的建设过程中，人们从法国的四面八方潮水般涌向这里。有时，整个村子的人都会主动为工匠们提供食品。盖塔顶的时候，信徒将满车的石块和沙子推上去，搅拌砂浆、提水，就连贵族和夫人们也来效力。"

"这让我想起埃及建金字塔时万众一心的场面。"

"建设金字塔只有男人参加，贝蕾妮克，而且大部分是被迫去的。但沙特尔教堂的建设却调动了全民的积极性，无论男人还是女人，他们都自愿为它添砖加瓦。"

"虽然帮忙的人很多，但沙特尔教堂的建设肯定还是花费了巨额资金。这些钱是从哪儿来的呢？"

"这些钱主要由主教管区提供，斯特凡。"塞内克斯回答说，"此外，国王、贵族、各个教团、行会、教区和个人都必须捐献。各教区还定期举行募捐比赛，天主教给所有捐献者赦罪。人们抬着圣人的遗物游行，号召大家慷慨捐献。偶尔出现的捐赠壮举更能激起大家的慷慨之心。此外，教民本来也十分乐意为建教堂捐献钱物，因为他们能由此获得一个做礼拜的精神家园、一个聚会的场所、一个教育子女的学校、一座艺术和手工艺荟萃的宫殿、一本石头砌成的《圣经》——有了这部'《圣经》'，他们就能从那些雕塑和绘画中解读自己的信仰历史。我们又一次看到，在一种伟大思想的鼓舞下，人类会创造出多么巨大的成就。当时，欧洲的人口还不到现在的五分之一，却能建造这么多如此宏伟的教堂，而在今天，即使为了某个最隆重的庆典，也几乎不可能创造出这种人间奇迹，其中的奥秘就在于人是否拥有绝对的、毫不动摇的信仰。今天的人没有继承这种为了信仰不顾一切的精神，而在当时，人无论多么贫穷，都会为教堂捐献自己的一切。前面提到过的修道院院长叙热曾不无自豪地说，当时的教堂里挤满了前来朝拜的信徒，妇女为了能靠近祭坛甚至不得不从男人的头顶上爬过去。这也许有些夸张了。但是在宗教节日或朝圣的日子,教堂里肯定是人山人海。"

斯特凡、贝蕾妮克和罗曼一边听,一边感受着这巨大的空间,试着想象建设这座大教堂的情形:吊车、围墙、在斜搭着伸向教堂钟楼的木板上干活的人们、脚手架、意外伤亡……这杂乱无章的一切,终于汇成了这座宏伟的建筑及其美轮美奂的形态。

信奉基督教的中世纪回想起古希腊的哲学

塞内克斯打破了沉默。他说:"我们再去教堂的大门前看看。在离开沙特尔教堂前,我还想让你们看一件东西。"

他们从高高的拱门走出教堂。外面的日光十分强烈,让人忍不住眯起眼睛。塞内克斯指着教堂右侧拱门上的几个雕塑对他们说:"你们会发现有一点很特别:这上面雕刻的不是天使、神明或皇帝,而是古希腊的哲学家。这位表情严肃的是亚里士多德,这边是毕达哥拉斯和手摇铃铛的音乐女神——你们大概还记得,毕达哥拉斯发现了音程与数学的关系。在那个时代,音乐的意义也许比今天还大,因为音乐是每个人都能接受的,连文盲也不例外。请你们仔细看看那些乐器,每件都刻得惟妙惟肖,可以让人毫不费力地照着样子仿造。但这不是我本来要讲的内容。我想指出的是:在人类文化发展的历史过程中,许多事物有着紧密的内在联系,一种文化是建立在另一种文化的基础之上的。令人吃惊的是，信奉基督教的中世纪居然想起了古希腊哲学，并把它们直接介绍到大众面前，而不是仅仅在书斋里学习和研究。十二世纪时，沙特尔建立了欧洲著名的学府，在这所学校里，哲学和文学紧密关联。柏拉图曾经试图使哲学变得通俗易懂，所以他受到特别推崇。我跟你们说过，中世纪翻译了许多源于阿拉伯和古希腊的书，甚至可以说掀起了一股翻译的浪潮。这股浪潮一直从十二世纪持续到十三世纪。它使欧洲产生了一种从根本上区别于基督教学说的哲学。爱尔兰人埃里金纳生活在九世纪，他一直从事教学工作，他翻译的古希腊哲学书，将新柏拉图主义的重要观点传播到了中世纪……"

"什么是新柏拉图主义？"

"新柏拉图主义是指公元 200 年前后出现的一种古希腊哲学体系，它以柏拉图哲学为基础，吸收了亚里士多德、斯多葛学派和后期古典主义者的神秘主义思想。新柏拉图主义者认为，上帝是一切的起源，理性最接近上帝——这个自然的中心。"

"真可惜，"斯特凡叹惜道，"现在的中学早就取消了哲学课。"

塞内克斯赞同他的观点，随即说道："我认为多明我会的修士大阿尔伯特是十三世纪的重要学者。他对人类的理性产生了怀疑，并指出三位一体、基督的道成肉身和原罪等学说是'超自然的'真实。我现在想专门讲讲他的一位学生。"

中世纪最伟大的神学家

"我要给你们讲的这个人,之前曾多次提到过。他出生于1225年,是一位伯爵的儿子。他父亲是弗里德里希二世宫廷中的重要人物。"

"您又要回过头去讲更早以前发生的事?"

"只能这样。但是这一时期是他的学说产生的根源。他比阿伯拉尔晚出生近一百五十年,比阿西西的圣方济各晚约四十年。他既是中世纪最重要的神学家和哲学家,又被誉为启蒙运动之父、理性哲学的始祖。他的思想道路一直延伸到笛卡尔和康德。他的启蒙格言宣扬:'大胆地思考吧,人们,大胆地运用你理智的力量。'你们知道我现在谈的是谁吗?"

"您指的是托马斯·阿奎那吗?可他与启蒙运动又有什么关系呢?"

"你说得对,罗曼,我指的是圣托马斯。谈到他的启蒙作用,主要是指他对被古老传统束缚的神学家的抨击,因为这些神学家阻碍人对事物进行广泛而自由的思考。圣托马斯的功绩在于,他努力把基督教信仰与理性的亚里士多德哲学结合在一起。"

"又是亚里士多德!"

"是的,贝蕾妮克。亚里士多德、阿维森纳和阿维罗伊曾引起中世纪思想家极大的关注。阿维森纳和阿维罗伊是阿拉伯最重要的亚里士多德哲学阐释者。托马斯·阿奎那想在大学、神学和教会中为哲学家留出一席之地,其中包括犹太哲学家、阿拉伯哲学家和古希腊哲学家,他很早便研读他们的书籍。在这里我还想请你们回想一下圣方济各。他们二人之间在三个方面有着密切的联系:首先,他们都是意大利人,圣托马斯出生在那不勒斯南部。其次,两人都家境优越,圣方济各的父亲是一位富有的商人,托马斯的父亲是一位伯爵。再次,他们两人都离开自己的家庭,听从福音中守贫的呼唤;圣方济各无须多谈,而托马斯是多明我会的修士。"

"多明我会和方济各会有什么相似之处吗?"

"有一些相似,它们都对年轻人有着巨大的吸引力。多明我会由西班牙一位巡回传道士领导,即科斯曼的多明我。托马斯也反对拥有财富,尤其反对神职人员拥有财富,他认为这种财富只会使异端邪说更加猖獗。因此,他拒绝接受世俗的财产,甘愿过着清贫的生活。以上这些就是这两个教派的所有共同点了。方济各会的修士献身赤贫的生活,追随耶稣的理想,这种献身宗教的热情毫无理智可言;而多明我会的修士则主要学习神学和传道。作为多明我会的一员,托马斯崇尚精神生活,所以他成了中世纪最重要的神学家。圣方济各反对没有感情的理性科学;而托马斯则认为理性并不意味着没有感情因素,并努力将理性运用到神学研究中。他先在那不勒斯学习,后来在巴黎和科隆师从大阿尔伯特,随后又在巴黎、奥尔维耶托、维泰博和罗马执教。他死于1274年的一次旅行中。他一直遵照自己对上帝立下的誓言,坚持徒步旅行。"

"那么,他的重要意义究竟体现在哪里呢?"

"罗曼，他所处的那个时代充满对信仰的论争和对《圣经》的各种解释，那是一个前所未有的混乱时代，各种观点针锋相对。托马斯执教的巴黎是各种思想斗争的中心，我们在介绍阿伯拉尔时对此已有所了解，而这一切在托马斯的时代变得更加尖锐和复杂。这个时期的许多思想先驱都认为上帝、自然、物质和精神是一体的，他们甚至不再相信灵魂不朽。"

"这肯定会被看成异端邪说！"

"是的，有几个人被处死，因为他们提出应该将信仰和知识严格区分开来，他们甚至指出神学不是科学。所以，有一段时间神职人员被禁止学习自然科学，不许接触亚里士多德哲学和相关的阐释。尽管如此，在大学里，学者们仍然可以学习自然科学和哲学。托马斯这一派的人在肯定信仰的同时，也承认知识的合理性，承认哲学为独立的学科。他教导自己的学生，人的才智高于一切，上帝是最完美的精神产物。就这样，他开创了欧洲理性主义的新时代。他要求学生理性而科学地研究上帝创造的世界，研究自然、人类、社会和所有其他事物。他的主要著作《神学大全》是经院哲学的丰碑。在托马斯眼里，神学是一种建立在严格理性基础上的知识；不过，同时他也认为，知识的完善需要信仰。"

"他这个人好像充满了矛盾。"

"一个努力思考、寻求真理的人不可避免地要经历这样的思想矛盾，斯特凡。他认为《圣经》里的造物主与其存在本身是一致的。他把人定义为肉体和灵魂的结合体，人努力追求认知是为了无限趋近对上帝的观照。对于他那个时代具有革命意义的一点是：他认为人也是一种物体——是自然的一部分。他相信上帝的存在能够被证明，因此也必须被证明。他说，上帝是一种纯粹的形式，其本质是'思'，由于上帝思考自己，所以他也思考自己所创造的人和世界上的一切事物。"

斯特凡咬紧下唇，但是什么也没说。

"托马斯死于城市开始繁荣的时代。他和亚里士多德一样，认为共同的利益高于个人利益，因此他才承认和接受现存的社会制度——包括贵族的特殊地位、奴隶制和战争等现象。他自己则生活得安宁而又超脱。他的性格特点是自律、理智和忍耐，但是在信仰方面却毫不迁就，坚决要求处死所有异端。不过，我们很少听到后世对其性格的阴暗面说长道短。现在我还想说一点，他也是阿伯拉尔的追随者。他推崇辩论这种形式，认为在辩论时人们的表达会尽可能紧凑和清晰。辩论不是为了胜利，而是为了找到真理；即便辩论的结论是谬误，也同样值得庆幸，因为谬误最终也可能通向真理。"

"我非常喜欢这种观点。"

"斯特凡，托马斯在论争中是不可战胜的。在与强有力的对手进行坦诚的辩论时，他所能达到的完美程度几乎让人无法相信。"

教会面临前所未有的危机

"您刚才提到过托马斯要求处死异端，异端这个词好像总是被提到，为什么教会要对异端采取类似火刑等残忍的惩罚呢？"

"也许是因为当时教会面临前所未有的危机，四面八方都出现了对教会的攻击，教会内部也呈现出衰败的迹象，这令教会惶恐不安。如果不能控制像圣方济各那样激进的批评者，教会就会受到严重的威胁，濒临崩溃，因为各处都出现了新兴的宗教运动。当时旅行和漫游已经比较便利，新的学说也能传到偏远的地区，影响当地的百姓。在教会的眼里，那些分裂出来的教派像传染病一样会很快蔓延，其中主要有两个宗教派别使教皇忧心忡忡：瓦勒度派和卡特里派。它们都出现在法国南部。"

"这两派的目的是什么呢？"

"瓦勒度派出现在里昂，像圣方济各一样，做纺织品生意的商人彼得·瓦勒度把所有的财产送给了穷人，并发动了一场平信徒[①]可以布道的宗教运动。他的信徒认为自己是真正的天主教徒。他们那种简朴又道德的生活方式获得了众多的追随者。"

"那为什么他们会被当成异端呢？"

"里昂的穷人竭力主张对教会进行一次改革，瓦勒度派的传道士到全国各地宣传改革。他们摒弃教会的教义权威、等级制度、传统以及各种圣事圣礼，拒绝所谓对圣人和圣物的崇拜，拒绝接受所谓赦罪、宣誓、什一税、兵役和死刑等一系列教会规定教民必须接受和遵守的清规戒律。他们也不相信有什么炼狱。这些教徒散居在德国、波希米亚、匈牙利、瑞士和意大利

---

① 指教会中神职人员和修会成员之外的普通信徒。

北部。尽管宗教法庭没有停止对他们的迫害,但是他们仍然在阿尔卑斯山的山谷里生存,一直延续到今天。相反,卡特里教派却被彻底灭掉了。我把卡特里教派与瓦勒度派放在一起谈,是因为当时教会是把这两个教派混在一起革出教门并进行惩罚的。在谈到中世纪异端的悲惨命运时,卡特里教派不可不提。德语中的'异端'(Ketzer)这个词就是从卡特里派(Katharer)这个词派生出来的。'卡特里'的意思是'纯洁的人'。"

"那么到底是什么使教会觉得这个教派那么危险呢?"罗曼问。

"卡特里教派认为有两个不同的神。一个是精神和光明的父亲——他待人善良,是众生的救星;另一个是魔鬼——他创造了物质世界。教徒们把自己的生命献给光明之父,把《新约》当成指路明灯,反对所有世俗的快乐,并戒吃肉食。他们那赤贫的清修生活与教会的巨大财富、神职人员的奢侈享受形成了鲜明的对比。"

"两种不同的信念难道就不能同时存在吗?"

"几乎不可能,贝蕾妮克。卡特里教派的信徒立志做更好的基督徒,一致反对弥撒、圣事圣礼和其他宗教仪式。他们质疑罗马天主教会的权威及其存在的必要性,甚至拒绝接受象征基督徒的十字。在罗马教会的眼里,卡特里教派是异教徒,他们的矛头是对准天主教教士的。虽然教皇英诺森三世赞同圣方济各的观点,但他害怕失去对整个法国南部的控制权。在一个特使遭到谋杀后,他立即召集了十字军,讨伐异端——这本来是违背基督教精神的。法国国王也积极参战,但是只有一部分附庸和随从听从号召。参加这场圣战的人数多达两万五千，其中包括士兵、贵族、主教和军官。不过，许多人是被诱人的条件吸引去参战的。一些从国外来的雇佣兵也参加了镇压卡特里教派的斗争。教会允诺赦免参战者的罪行，还会赐予他们一些土地，或者推迟其偿还债务的日期。当时可真是血流成河。英诺森三世就此踏上了一条血腥的道路，这样的道路对于基督教世界观来说是十分危险的。我不想仔细描述这场持续二十年的大屠杀的细节。我只讲一点：十字军想消除卡特里教派的所有痕迹，该教派的所有城市都被夷为平地。最后一批拼死反抗的卡特里教徒被围困在蒙特塞古山上。山崖下点燃了一堆干树枝，坚持抵抗的信徒被从山崖上推下去，有的还自愿跳入火中被活活烧死。只有个别不愿为信仰送命的妇女和孩子得以逃生。在这里看不到教会所标榜的仁慈，只有残忍的暴力。后来，人们把这个地方称为'火之地'。关于卡特里教派的故事就讲到这里吧。"

塞内克斯在讲完这段血腥故事后如释重负，他小声说："我都快忘了，我们现在还在沙特尔呢。"

十二世纪的文艺复兴

好像是为了转移塞内克斯的注意力，或者更是为了转移自己的注意力，贝蕾妮克向塞内克斯提出了一个问题："那时，人们是怎样生活的呢？有许多穷人，只有很少的富人吗？"

塞内克斯回答说："你问到这点太好了，贝蕾妮克。因为在这里，在沙特尔，欧洲文明开始了伟大的复苏，一个新的时代开始了。当然直到三百年后才出现重大成就，但是所有的一切都在这个时代的这个地方开始萌芽。物质的不断丰富也能促进科学、哲学和艺术的发展。贸易和手工业日益发达，财政金融迅猛发展。经过努力各个城市得到了越来越多的自由……"

"城市的空气令人感到自由！"

"是的，是这样的，罗曼。大学越来越多，人们对拉丁文学产生了浓厚的兴趣。在许多王公贵族的宫殿里，行吟诗人的爱情诗空前繁荣，特别是在有'爱情之宫'之称的普罗旺斯。因此，人们也把这一时期称为'十二世纪的文艺复兴'。一股充满才智的力量出现了，他们努力与古希腊罗马的伟大精神建立联系，沙特尔大教堂就是这种精神的象征。"

"它真是宏伟又奇妙的杰作。"罗曼十分肯定地说，"特别是，哥特式……"

"很遗憾，我们必须走了。"塞内克斯打断了罗曼的话，领着三人走到拴马的地方，"现在我们去莱茵河畔转一转。在那里，你们会看到一个令人压抑的现象，理解到那个时代的内部是怎样地四分五裂。"

他们骑上马，一路小跑，很快穿过绚丽的原野，葡萄园、农田和牧场不断映入他们的眼帘，风车和水磨坊点缀着这一片美景。

信仰的时代，恐怖的时代

这一运动震撼了整个时代

他们在一座山上停下来。山脚下，宽阔的莱茵河蜿蜒地向北流去。山崖上耸立着设防牢固的城堡，它们凶戾地俯视着四野。莱茵河映着明亮的天空，整个洼地笼罩在一片灰暗的光线中。但是，这并没有引起他们的注意，就连顺流而下的货船和木筏也没有吸引住他们的目光。整个山谷充满嘈杂的声音，穿过云雾和尘埃传到山上。灰色的尘雾沿着莱茵河畔向前飘去，让河看上去好像宽了一倍。歌声、祈祷声、叫喊声、笑声、哭声、马的嘶鸣和马蹄声汇成了雷鸣般的轰隆声。一群乌鸦在天空盘旋，一会儿分开，一会儿又聚在一起，凄婉的叫声传遍山谷。

"那些是小孩吗？"

"是的，贝蕾妮克。那里有成千上万个十至十五岁的孩子。"

"他们从哪儿来？"

"他们来自莱茵河地区的各个地方,大部分是科隆人。"

"他们这是要去哪儿?"

"他们要去收复圣地。莱茵河地区有一位名叫尼古拉的年轻人,是一位狂热的信徒。他声称,上帝委派他来组织一次少年十字军东征。他成功地煽动了许多尚未成年的孩子跟随他长途跋涉去参加圣战。"

"那么,他们到底是为了什么呢,不是已经有过那么多次十字军东征吗?"

"是的,但是这些远征最后都没收到什么效果。现在,这些孩子想去完成大人们未完成的使命。他们想要赶走异教徒,收复圣地。"

"怎么会出现这样的事呢?"

"当然是由于上帝的力量,贝蕾妮克,这不是靠强迫能够做到的。他们相信,因为自己是孩子,所以是无罪的。他们想,为什么他们不能用自己那种没有暴力的、爱的力量,去完成强者没能实现的事情呢?"

"这又是成年人的罪过。孩子从他们那里学到了信仰和对宗教的狂热。大人肯定对孩子的这种盲从和狂热听之任之!"

"不是所有的成年人都这样,斯特凡。当时有许多人提出反对意见,但是这种声音太微弱了。"塞内克斯说,"一些神父甚至也不赞成这种做法,但有人认为这可能是上帝的考验。许多父母竭力挽留自己的孩子,却徒劳无功。也许像各个时代一样,有些孩子本来就想离开家庭,向往冒险和自由的生活。"

"成千上万——那到底有多少呢？"

"谁能知道准确的数字呢？也许两万，也许三万。"

"他们后来怎么样了？"

"许多人活活饿死，有些被狼吃了，有些被打死。身着男装混进队伍的女孩命运更加悲惨，她们几乎承受了人类能够做出的所有暴行——污辱、强奸和残杀。最终翻过了阿尔卑斯山的人如果只是被嘲笑，那就太幸运了。许多女孩被抓进妓院，有的成了女仆。在热那亚①，她们找不到能去巴勒斯坦的船。后来，教皇解除了女孩参加圣战的誓言，但男孩却必须像成年人一样履行自己的诺言。回家是最好的出路——问题是能否顺利到家。有些孩子闯过了北意大利，少数人定居在热那亚，其余的则继续流浪。布林迪西的大主教阻止他们坐船去巴勒斯坦。那些最终真正到达东方的人，会被当作奴隶卖掉。这些孩子的命运让所有人感到痛心，甚至连教皇英诺森三世（人们称他为当时最聪明的政治家）都曾说：'这些孩子让我们感到羞愧。当我们安安稳稳睡觉时，他们却兴高采烈地上路远征。'"

"更奇怪的是，"斯特凡说，"人们并没从中学到什么。像从前一样，孩子还是怀着圣洁的无知继续追随各种各样的传教大师、领袖和教师。"

---

① 意大利城市。

各个城邦都有奴隶市场

"我想结束关于少年十字军的话题,"塞内克斯说,"不过我还要再补充一点,虽然十字军东征带来了如此多的灾难,但它的影响却至关重要。它对艺术和文化产生了深远的影响,威尼斯、热那亚和比萨这三个港口城市获得了很大的经济利益。军队的运输、补给和贸易等都经过这几个城市,它们由此获得了对叙利亚部分富裕城市的控制权。它们还让当地的民众给自己干活,丝绸业和玻璃业由此得以繁荣和发展。直到今天我们仍称锦缎为'Damaskus'(大马士革),称高级薄纱为'Mossul'(摩苏尔),称纱罗为'Gaza'(加沙)。①十字军东征时期是意大利许多城市的黄金时代——当然这主要是指贸易的黄金时代,而不是指信仰。此外,我们不能避讳的是,当时被交易的不仅有宝石、丝绸、玻璃和香料,还有奴隶。"

"这对于基督教来说可不是光彩的一页!"

"意大利所有大城邦中都有奴隶市场——无论是在威尼斯、佛罗伦萨还是教皇所在的罗马,每个有身份的市民都理所当然地拥有奴隶。少年十字军中一些来自法国和德国的孩子也被意大利人毫无顾忌地高价出售给他们的伊斯兰贸易伙伴。今天的人们肯定会坚决反对和制止这些肮脏的交易,我们会说:孩子就是孩子,在上帝面前人生来平等。可中世纪的人不这么想,无论是在

---

① 大马士革、摩苏尔、加沙都是地名。

基督教盛行的西方，还是在东方。这主要是因为这种观点会迫使他们放弃自己舒适安逸的生活，人们不愿意这么做。"

希望从上天得到帮助

"我们再谈谈上帝，这是那个时期无法回避的话题。不过这次我要谈的是一些要归功于上帝的奇迹。"塞内克斯又开始说道，"在中世纪，每个人都相信奇迹。那时，瘟疫、饥饿、战争和痛苦接连不断，人们热切希望从宗教殉道者、圣者遗物或圣人那里得到帮助。人们纷纷前去朝圣，情形就像我们今天的集体旅游，它能让人在一段时间中从日常生活的重压下解脱出来。朝圣者不用参加强制性劳役，而且有望得到赦免和救赎。朝圣的过程常常是愉快的，还非常自由。人们徒步走很远的路，常常离家数个星期、数月，甚至好几年。他们觉得自己的生命微不足道，自愿把它交给不可知的神秘主宰。他们仰望头顶的天空，想象着那里金光灿烂，住满了享受永恒幸福的亡灵、天使和圣人，就像教堂的窗户上所描绘的一样五彩缤纷，到处回响着嘹亮的赞美歌。天堂上端坐着神圣家庭——耶稣、马利亚和圣父，充斥着永恒的安宁和秩序，人们怀着纯洁的心灵对此深信不疑。"

"我只知道宇宙的寒冷和浩瀚无边，还有亿万颗值得尊敬的闪闪发光的恒星，但这些并不令人感到安慰。"斯特凡说。

"也许只有在信仰坚定的时代生活才是幸福的。"

"难道有一个完美的世界？可这只是虚构的，罗曼。如果信仰永远与恐惧连在一起，世界怎么可能'完美'呢？"

"你说信仰是一种虚构，斯特凡，可是人的意义正在于他能产生和扩展自己的想法，虚构出某一事物。只有当信仰发展为疯狂时，才会产生威胁和恐惧。"

"但是，人只有在完全确信自己掌握了真理的情况下才会狂热地坚持自己的信仰，这样也就离迫害持不同信仰者只有一步之遥了。所以，当人们对某种信仰深信不疑时，就必须马上敲响警钟。"

"中世纪这种强烈而坚定的信仰，根源也在于人的无知，"塞内克斯说，"当时，文盲很多，穷人更多。如果想理解中世纪的迷信，必须注意到这个事实。"

"我同意这种说法。但今天的迷信就无法原谅了。"

"你说得对，斯特凡。我们现在谈的是中世纪。一方面，迷信盛行，文盲比比皆是；另一方面，精神文化又十分丰富，尤其是在法国和佛兰德①，意大利城市和勃艮第也是这样。在一个充满战争、饥饿、瘟疫和死亡的世界中，一切都在发展——哪怕人们感到自己在上帝的惩罚面前是那么无能为力。他们害怕世界末日的到来，随着中世纪的结束和十六世纪的来临，这种恐惧感越来越强烈。许多艺术家，甚至包括那些最没偏见的艺术家，都会忧心忡忡。达·芬奇看到了被黑暗笼罩的动物从地里钻出来，满身

---

① 历史上荷兰西南部、比利时西北部和法国北部交界的地方。

流着血；伟大的荷兰画家博斯则着重表现人类的罪恶和在地狱受到的惩罚。"

"人们为什么会产生这种恐惧感呢？"

"因为当时的生活太悲惨了，贝蕾妮克。饥饿和长期的营养不良让人的意识发生了改变，他们像阴魂附体似的恍恍惚惚，最后甚至出现了跳舞狂现象。"

"什么？跳舞狂？"

现世的狂欢——苦难的表现

"这是一场不可思议的狂欢。十四世纪末，成千上万的人狂舞不止，有的连续跳几个小时，有的甚至连续跳上几天。到处都有人在跳舞，在家里、在外面、在教堂，在莱茵河畔、在布拉班特、在佛兰德。这种狂舞让人们忘记现实世界，仿佛能够看到天堂的大门正向他们敞开。你们知道一种舞蹈病（Veitstanz）的现象。'Veitstanz'这个词来源于1374年夏至那天的命名。"

"真有点阴森可怖。"贝蕾妮克说，"不过，这种可怕的现象并未消失，后世也屡见不鲜。"

"跳舞在所有时代都是一种快乐的表现，是尘世欢乐的体现。但在中世纪，人们却把它看作魔鬼的威压，是可怕的瘟疫和异端的行为。但是对于农民、穷人及其他靠双手吃饭的人来说，跳舞可以释放他们长期被压抑的生之渴望，让他们忘记生活的苦难。他们赖以生存的基本食物，如面包，常常掺进了罂粟、麦角和其他麻醉品，让他们进入一种梦幻般的兴奋状态。因此人们也称这种食物为'梦之面包'。除此之外，还有一些破坏大脑的植物——人们并不清楚它们的作用。我们眼前看见的这些着了魔的人，都在逃避自己的恐惧和对生命短暂的忧虑，死亡和放逐无所不在。几乎没有一出神秘剧不涉及死亡，也不断有人在创作关于死亡的艺术。人们热衷于表现尸体、久病不愈的人、残疾人、骷髅和满脸狞笑的死神。传染病一下子夺去数百甚至数千人的生命，可当时并没有有效的方法来制止这些，人们只能寄希望于上帝、圣人和某些超自然的力量。"

"因为这些，人们才去疯狂地跳舞？"

"也许是的，贝蕾妮克。跳舞狂现象的真正原因谁也不清楚，但是无论如何，它突然兴起，又戛然而止——像火一样熄灭了。"

"在我看来，这又一次证明了人是根本没有理性的。"

"不但没有理性，而且相当残忍，斯特凡，人本身就具有这种天性。"塞内克斯嘟囔了一句。

"关于人性的残忍中世纪提供了无数例证。"

"所有的时代，包括现在，都是残忍的——这点我们已经讲过了，贝蕾妮克。当然，在中世纪，对人的各种折磨更加常见，有些集市甚至以此取乐。人们用铁链把罪犯绑在耻辱柱上，交给狂叫的人群处置，人们纷纷对他们吐唾沫。死刑被自然地接受，砍头都算是一种没有痛苦的'恩赐'。唉，我们最好别再提这些可怕的事了。"

"我曾经在哪里读到过这么一句话：'人是吃人的狼。'"斯特凡插话道，"对此无须再做任何补充了。"

"有一种事物可以让人不加限制地对别人滥施权力，它将毁灭、恐怖、死亡和破坏等种种灾难带到了世界上——当然它也有某些实际的用处。这种事物我们今天还在使用，它就是人们在中世纪发明的。你们知道我指的是什么吗？"

三个年轻人你看看我，我看看你，随后摇了摇头。

"我们先休息一会儿。"塞内克斯提议道，"下马吧，让马在这儿吃点草。"

化学成为一种力量

用火烧死敌人

他们向一座小山走去,山的周围是一片灌木丛,那里摆着一条凳子。

"你们都很疑惑。"塞内克斯开口道,"我说的这种发明极大地改变了世界。此前的许多发明都没有像它那样对世界产生过如此巨大的影响。它的诞生源于一次十分偶然的事件。我说的这种发明在中国早就有了,他们当时用它的巨大声音来吓退敌人。"

"现在我知道你说的是什么了!火药!"

"是的,罗曼。我们本来想在进化公园建一个中世纪的化学研制工棚,搭上黑色的顶棚,摆上盆盆罐罐、玻璃瓶和试管之类的东西,可遗憾的是,我们必须保持历史的真实,却又根本无法确知在欧洲什么时候什么人在什么地方发明了火药。"

"我想,是贝特霍尔德·施瓦茨?"

"人们是这么推测的，斯特凡。可是在施瓦茨之前，出生于1214年的英国方济各会修道士罗杰·培根就发现了黑色炸药的配制方法。在《关于烧死敌人的各种方法》中，也可以找到制造炸药的方法，里面写道：把一磅纯硫黄、两磅椴木或柳木烧的木炭和六磅硝石粉碎，并仔细和好，就可以造出火药了。尽管如此，我们现在的百科全书仍把施瓦茨称为火药的发明者。他究竟是个什么样的人呢？他的本名到底是叫贝特霍尔德·尼格尔还是贝特霍尔德·施瓦茨，现在还有争论。一派认为他是来自弗莱堡的熙笃会僧侣，1388年由于发明火药而被处死，这事发生在罗杰·培根死后一百年。另一派则对他评价更高，认为施瓦茨出生在康斯坦茨，是这个教区的大主教，他在巴黎大学读过书，是圣维克多的同事；据推测，他是在用硝石和硫黄做火药时发现了爆炸的作用，这一派没有提到有关他被处死的事。由于资料比较少，也不太可靠，所以进化公园决定不展示这部分内容，而是让我在讲述这段历史时，提一下火药的发明。

"在那之前，战争的成败主要依赖于人的体力和智慧，火药的发明却慢慢地使战争形式发生了根本的变化。城墙不再是坚不可摧的防御工具，贵族和骑士也因此失去了他们的优势。火药使大家都平等了。这一变化也宣告了骑士制度的结束，骑士作为一个阶层从此消失了。不仅如此，从某种战争道德的意义上说，我们称为骑士精神的东西已不复存在，骑士的马上比武也不再流行了。人们不再用长矛去刺杀、用剑去格斗。只有轻便的军刀仍经久不衰，这或多或少是时髦的缘故。

"另一方面,人们从火药那里获得了巨大的新力量。街道、隧道和各种各样的建筑都能被炸毁,奇妙的烟火能映照黑夜的天空和水面。我们现在逐一列举一下火药的发展,后来出现了硝酸甘油炸药……"

"再后来出现了核裂变、原子核……"

"……这些可以谈上几天几夜。随着火器的出现,人类也开始了大规模灭绝动物的行动,那些有用的、美丽的和危险的动物都难逃劫难。许多动物我们今天已经看不到了。如果火药的发明者知道这些后果……"

"发明者经常像孩子一样天真,他们不知道自己的发明会引起什么后果。"斯特凡小声说道。贝蕾妮克和罗曼听后都点了点头。

第四晚

女性的至暗时刻

社 会

像电影中的快镜头

天色已经晚了。他们谁也没注意到莱茵河上的日落,谁也没发现自己的影子越来越长,并渐渐被灰暗的光线吞没。星星和月亮在夜空中闪闪发光。塞内克斯抬头看了看天空,几乎吓了一跳。

"快到午夜了。"他说,"我们该回住处了。赶快上马吧,朋友们。"

"告诉我,现在究竟该朝哪儿走!"贝蕾妮克拿起缰绳,翻身上马。

塞内克斯用手指了指,他们立刻骑马朝北边奔去,穿过一条泥泞不堪的田间小路,进入了一片小树林,里面黑得伸手不见五指。当他们终于从树林的缝隙中看到小旅舍的灯光时,几乎感到兴奋不已。

他们的钥匙早已放在那里。

半个小时后,他们又在餐厅碰面了。他们很快发现今晚的食物比前两个晚上的要丰盛得多。前两天,他们一直在欧洲南部参观,白天看到的是南部风光,晚上吃的是很有南欧特色的食物。

今晚的菜不是用橄榄油做的,而是黄油。前两天晚上吃的不过是点沙拉和新鲜的蔬菜,但今晚有卷心菜和许多肉食。至于饮料,除了矿泉水,还有莱茵河和摩泽河流域产的葡萄酒。

"今天我们跨过了很长一段时间。"塞内克斯又开始了晚上的讲课,"又一个历史时期过去了。一切都是一晃而过,但它们都有着自己的意义。人们往往不会留意一棵小树苗长成参天大树的过程,要了解这一过程必须时时刻刻去观察。这很像电影中的快镜头,历史也是这样。明天你们将看到,真正彻底改变这个世界的不是火药,而是另一种发明。它比以前的任何发明对世界的影响都更深远,改变世界的速度也更快。我们今晚仍留在莱茵河北岸,就是为了明天让你们去参观这一发明。"

"我知道您指的是什么。"罗曼说。

中世纪的妇女

他还没张口,贝蕾妮克就打断了他的话:"等等,罗曼,别这么快!总是男人、男人……皇帝、圣者、神学家、教堂的建造者、磨坊工人、封建领主——当然,您也提过妇女,一个是圣者的情人，一个是女作家，还有那些为建教堂搬运石头的女信徒，以及少年十字军中的女孩们——可是，中世纪普通女性的生活状况到底怎样呢？您能再多给我讲讲吗，塞内克斯？"

"啊，这几乎是不可能的。如果我详细给你介绍中世纪妇女的生活状况，那得讲一个通宵。"

"请至少给我几条线索吧，中世纪女性的社会地位高吗？"

"很遗憾我无法得出这种结论，贝蕾妮克。中世纪历史的主宰恰恰是男人，女人几乎仅仅作为王公贵族和骑士的陪伴者，或作为女修道院院长出现。中世纪的历史被教会的教义控制——你们知道，夏娃是上帝用亚当身上的一根肋骨造出来的，所以女人不可能被看成独立的人。原罪又证明了夏娃的弱点，她被蛇诱惑，以致最后被逐出伊甸园。后来，人们把夏娃看作女妖。圣徒保罗曾经很鄙夷地谈到夏娃，他说：'女人是男人的奴仆，因为男人是女人的主宰。'他还说，'女人只能悄悄地学习从属于男人。女人不许进学堂，也不许超过男人，她们只能悄无声息地活着。''亚当没受诱惑，受诱惑的是女人，触犯天规的也是女人。'最后他说得更明确：'女人只有生了孩子后，才能赦免她的罪过……'"

"跟我想的一样。女人来到世间的用途只有一个，就是生孩子，此外再没别的！"

"这种观点比比皆是。奥古斯丁说过，他因女人是人而爱，因女人是女人而恨。勃艮第的克吕尼修道院院长在厌恶妇女这点上尤为过分，他把女人比作人们碰都不愿碰一下的痰或烂泥，更别说有什么去拥抱她们的愿望了。有一位主教甚至还把女人比作灾难的葡萄藤蔓，一切罪恶的插枝。他说，美和道德是无法统一的。他认为，当女人拥抱并亲吻男人时，她就把毒汁注入了他的心田。"

"那当时人们对妇女的印象肯定糟糕透了。这种偏见一直没有根除。天主教规定神职人员不许结婚，女人也不能当神父。"

"中世纪的妇女必须恭顺地伺候男人，这是人们认为她应该扮演的角色。理论上她们也可以帮助别人，帮人治病、提供安慰、积德行善，但实际上却是另外一种情形。妇女的地位和作用主要取决于她出生于哪个阶层。农妇能够协助自己的丈夫干活，也必须如此，她们有自己的活动范围，由于她们被人需要，所以也受人尊重。在农庄，妇女负责照管家畜、花园、房屋，当然还有小孩；她们帮助收割亚麻、纺麻线、织布、染布，用加工好的布料给家人做衣服，又背着背篓去集市出售自产的黄油、鸡蛋、奶酪、鸡、鹅和蔬菜。只有少数人用得起仆人和临时雇工。她们的生活非常艰辛是毫无疑问的，而贵族和教会却美化农民的生活。教会的祈祷书中有许多表现农民的节日庆典、播种和丰收的场面，它们讲述的是人们爱听的田园故事。"

农民只是一种干活的牲口

"在贵族的眼里，难道农民不仅仅是一种会干活的牲口吗？"

"的确，一般情况是这样的，斯特凡。作为市民阶层的女人要比农妇处境好一些，尤其是在她还拥有财产的情况下。几乎所有女人都可以学习一种技能，当然只有男人能进大学学习。相反，贵族妇女的自由却相当少——这听上去有些奇怪。如果没进修道院，她们就只是婚姻的对象。在家从父，出嫁从夫。她们十二岁就得谈婚论嫁，而一旦定下婚约，她们就必须离开父母，被送到未婚夫的家里。有些十四岁就圆房，接连不断地生孩子，于是有的妇女还不到三十岁就早早离开了人世。她们的平均寿命绝不会比男人高，婚姻也普遍很短暂。她们的丈夫大部分会接着娶第二个或第三个妻子，至于爱情则根本谈不上。就一般情况而言，可以说只有出生于富有家庭或者美丽绝伦的女人才有可能获得幸福。然而就算她富有又美丽，她也只不过是一个玩偶，她的命运掌握在别人手中。唯一不同的只是她在经济上比别的女人更有保障罢了。她未来的丈夫会将一份聘礼过户到她名下——大多数情况下，这份聘礼是田产，当然也包括负责耕作这块田地的农奴。一旦失去丈夫，她就依靠这份田产度日，不能外出工作。也许她可以去照料病人，但一般只能去照料生病的贵族或骑士。"

"不是也有许多妇女去修道院吗？"

"是的，但她们去修道院大多不是为了过上一种简朴的基督徒生活，而是想摆脱父母的管制、逃避不称心的婚姻（这也是主要原因之一），或害怕在生孩子时过早送命。那时人们对性爱的态度十分矛盾，人们热衷于感官享受，却又谴责这种享受，蔑视女人为孕育孩子的容器，而这些恰恰无法唤起女性对婚姻的渴望。"

抄书的女大师

"难道修道院的生活会好些吗?"贝蕾妮克问,"严格的教规……我所知道的关于修道院的一切听上去可不太吸引人。"

"你说得对。但是妇女待在修道院从某种意义上说还是更保险和安全的。她们的生活很有规律:做礼拜、祈祷和冥想。她们还可以唱赞美歌、阅读和写字,也能照顾病人、料理花园,做一些轻松的手工劳动,不用再去操心日常的生活,而且还能从事一些艺术方面的工作。修女通常会成为抄书和书籍装帧方面的大师——当时书中的手绘彩色插图很发达。我们今天在图书馆或博物馆能欣赏到美妙绝伦的日历、祈祷书和漂亮的手写花体字都归功于她们的努力。当了修女,她们也会有较高的社会地位。只有在她们上了年纪、退出修道院的日常工作,并成为受人尊敬的修道院院长时,她们才能在修道院外生活,出去旅行和参加政治活动,可是这只是个别现象。尽管如此,十三世纪的女人还是纷纷涌进修道院,以至于后来进修道院很难,修女的人数也受到限制。"

"当修女也有名额限制吗?"

"可以这么说,贝蕾妮克。此外,教会还下令禁止成立新的修道会,只有修女团体是例外。修女团体的成员发誓自愿保持清贫和贞洁,哪怕没有加入修道会,也可以在修道院精神引导之下生活,但是她们守的教规不一样。"

"这就是说,她们可以结婚。但如果她们不能为爱情而结婚,还能指望什么呢?"

"当然主要是为了要孩子。一旦老了或生病,她们的孩子就必须赡养和伺候她们。今天,在许多欠发达的国家情况依然是这样。在这点上,感情并不起太大的作用。因此,这种婚姻也不一定不幸。因为人们对婚姻本来就不会有太高的期望,他们的愿望受到现实的种种限制。"

"也许他们比今天的人更满足呢!"

"这是一个很有意思的想法,每个人都应该想想这点。不过现在太晚了,我们去睡觉吧,好好休息休息。"

说罢,塞内克斯站起身来,他们随即陆续回到自己的房间。

第五天

从地中海到大西洋

变 革

莱茵河将四面八方的人送往美因茨

他们第二天早晨走出旅舍时,发现自己正站在一条宽阔的河流旁。朝阳下,河水粼粼,金光闪闪,木筏和竹排运载着货物顺水而下。柳条不时轻拂着水面,河面上泛起一层慢慢升腾的薄雾。塞内克斯提议把马留在旅舍,他说:"在城里骑马反倒会碍事。"

"去哪个城市?"

"美因茨。那里的街道很窄,在我安排你们参观的那个工棚里也不需要骑马。"

这时他们才发现,旅舍的位置在昨天夜里并没有发生太大的改变,而他们早已习惯了种种巨大的时空变化。水边的磨坊传来阵阵清晰的噼啪水声,不远处的山上有一架风车的扇叶正在随风转动。

"就是现在也还有风车谷,"塞内克斯说,"莱茵河是阿尔卑斯山和大海之间的主要通道，它把四面八方的人送往美因茨。在别的城市很少有这么多的教堂，人们可以在修道院学习。美因茨是古罗马帝国建立的城市之一，这里大约有一万名居民。罗马和美因茨之间有着直接的联系。"

"您不是想借此说明印刷术是古罗马人的发明吧？"

"好吧，罗曼，既然你已经知道我想领你们去哪儿，我现在马上就可以谈谈这个问题了。是的，我们现在处在十五世纪中叶，对于西方文化发展来说，它具有划时代的意义。这个时期欧洲各个城市都得到了很大的发展，并保持了自己的面貌。手工业者组织了同业公会，市民们把市政厅建成自由和财富的象征。此外，还有不可动摇的信仰呵护着众生。"

"同时这种信仰也使人感到压抑和窒息！"

"是的，斯特凡。在生活受到严格限制时，人就会感到压抑。每个人都依赖于某个同业公会、行会、互助会或别的什么团体，并由此得到保护和安全感。但是城市的真正主人是那些不断把异域的贵重物品贩进来的商人。商人受到尊重，贵族也不再羞于跟那些遭人鄙视的'暴发户'打交道。总体来看，这是一个经济十分繁荣的时期——不过其间也经历过多次萧条、瘟疫和流行病的冲击，黑死病曾使许多城市和地区惨遭毁灭，农业歉收和农民起义也不断出现。"

"这么说，它也是一个充满忧患的时期！"罗曼断言道。

"农民成群结队地涌进城市，去给有钱人做工。城市是他们的希望之乡，但即使在城里，他们中的大多数人也不得不忍饥挨饿，过着贫困的生活。"

活字印刷术

"好吧，"塞内克斯说，"现在我们开始进入今天的主题：美因茨的金匠约翰内斯·谷登堡改进了铅活字印刷术。在此以前，一个熟练的誊写员干上一两个月才能复制出一本书。有了改进后的活字印刷术，许多书可以在极短的时间内印刷出来，虽然价格依然不菲，但还是比手抄本便宜得多。"

"新的活字印刷术真是谷登堡一个人发明的吗？我们可常常听到另一些人的名字。"

"你说得对，罗曼，谷登堡不是第一个认识到这种快速且便宜的制书方法的人。当时有一大批职业誊写员从事这个赢利的行当，他们不但为那些有钱的古典作品收藏者提供服务，还给大学生提供法律和神学方面的手抄本。谷登堡的方法满足了人们普遍的需要。然而，印刷术本身并不是什么新的事物。中国人早在此前一千年就发明了这门技术，这些知识通过荒漠商队，特别是丝绸之路传到了西方。造纸术也是中国人发明的，纸张被证明是最为理想的印刷材料。羊皮纸被用于高级印刷品，纸张则更为便捷，可用于大批量生产。"

"那么谷登堡的特殊成就到底体现在哪个方面呢？"

"在两个方面，贝蕾妮克。一方面他铸造了铅活字；另一方面他发明了印刷油墨，有了印刷油墨才可能运用印刷技术，因为只有油墨可以黏附到金属上。在谷登堡研究了佛兰德的绘画以后，他把炭黑和清漆混合在一起，将这种混合而成的油墨运用到印刷中。我们去现场看看吧！"

他们的周围是一片美丽的景色，葡萄园到处可见。眼前的城市被一道坚固的城墙团团围住。城墙以及许许多多的城门塔楼不仅是防御设施，也是这座城市富裕和自豪的象征。越过城墙可以看见不少塔尖，那些都是美因茨的教堂。塞内克斯指着教堂说："教堂的钟声提醒人们的作息时间。"

沿河两岸遍布绿色的花园和树木，城墙外是一片宽阔的草地。长满果林的一块休憩地上，年轻人在围着圈跳舞，孩子们嬉戏追闹。

他们进入城门时，还以为是到了某个村子，因为里面的房屋很分散。所有的房屋都有一个圈养家畜的院子，鸡、猪和驴的叫声响成一片。只有到了城市中心地带，建筑物才密集起来。

街道铺着可以防止车轮下陷的石块。涂成各种颜色的二三层木结构房屋彼此紧挨着，上面突出的屋顶、凸窗和三角墙看上去好像连成一体。牛眼形玻璃窗使房屋显得更加五彩缤纷。每幢房屋上都有名字，或画在门的上方，或凿刻在石头上，房屋的主人是谁一目了然。这里还有手工匠的货摊和店铺，门上的标牌各式各样。有些店铺搭得高高的，顾客一眼就能看见里面陈列的货物。有些作坊里面陈列着待售的物品，有陶罐、凳子、纺织的布匹、黄铜制的盘子、紫铜锅和旋制的棍棒。

"如果将这里与罗马、古埃及或耶利哥的街道对比,就会发现有很大的不同。"贝蕾妮克说。

诞生时赤身露体的人类发明了时装

穿过街道,他们来到一个亚麻市场。这里行人川流不息,其中有流浪艺人、杂耍艺人、唱歌的和演奏乐器的,一切显得有声有色、变化万千。

"这些衣服多么富有想象力,多么奢华!"

"是的,贝蕾妮克。市场周围的商店吸引了许多人,这里可以看到所有日耳曼人居住区的服装时尚。每当商人用大篷马车将昂贵的衣物和香料送到这座城市时,都会引起极大的关注。人们花在布料和装饰物上面的钱比住房还要多。当时也没有我们今天所说的时尚潮流,更别说时装展示会了,那时也没有报纸。但是,每到夜晚,这里的小酒馆都非常热闹,人们交流着各种消息,当然也包括时尚方面的消息。"

"晚上?晚上他们还出门吗?"

"是的,罗曼。当时街道上还没有照明设施,人们必须自带照明用具。夜深时,市政厅的钟声会通知所有人结束聚会,之后就只能听到守夜者的报时声。至于时装,市政委员会也会不断宣布各种规定,反对过分奢侈,谴责违背基督教教义的虚荣心,但这些努力常常是徒劳的,因为每个人都想用服饰来抬高自己的社会地位。"

市场上人头攒动，人们挤在货摊前选购家禽、蛋、黄油桶和牛奶罐。他们在那里精挑细选、讨价还价。有的买了东西，有的还在继续朝前面的摊位走去。

人群熙熙攘攘。货摊上五彩缤纷，几乎所有的颜色都看得到：蓝色、红色和绿色，甚至还有黄色——据塞内克斯说黄色衣服本来是专门给犹太女人、教士的情妇和妓女穿的，可为了漂亮，人们也顾不得这些了。

"印染工肯定很赚钱。"罗曼小声嘟囔了一句。

人们身穿拖到地面的长袍，腰身以下的摆很大，女士长裙则更费料，也更长，穿着的人走路时不得不用手稍稍提起裙子。她们的指甲修得尖尖的，看上去很时髦，也有些做作。年轻而苗条的姑娘显得分外漂亮和迷人。尖尖的指甲是女人身份的表现，这表明她们不需要干活，否则她们的手不可能保养得这么好。

"人出生的时候是赤身露体的，现在他们发明了时装。"塞内克斯笑着说，"而且古埃及人在这方面就已经很厉害了！"

谷登堡的手扳印刷机

他们走进了另一条街道，这里同样热闹非凡。塞内克斯推开一扇坚固的橡木大门。在黑暗的通道里，他们听见了说话声和别的响动。他们通过一扇宽门走进一间木质的平顶大屋子。一开始几乎什么都看不清,因为从窗口透进来的光线很昏暗,但很快他们便适应了。屋子的四周摆满了高大的架子,身穿棕色长罩衣的男人们正在桌旁干活,还有一些人在架子旁忙忙碌碌。这些支架以及上面的木制容器和杠杆臂看上去有些像葡萄榨汁机。

"这是谷登堡最早制造的六台手扳印刷机,"塞内克斯说,"它们这么大,是因为机器只能用木头制作,而且必须能承受很大的压力。你们看,每台印刷机旁都有一到两个人在工作。他们正在制作世界上最早印刷出来的《圣经》,完成这项工作需要十五至二十人。"

"在这里工作的不只有印刷工吧?"

"是的,贝蕾妮克。印刷工艺先要预备和摆齐铅字。它们必须行距适当,整齐划一,这样才能着墨均匀。"塞内克斯指着一个身材敦实的汉子,他身穿棕色长袍,下摆几乎罩住了脚上的鞋子,微微卷曲的黑色长发一直披到肩上,中间泛出一缕白发。他戴着黑色的帽子,背对他们,所以无法看清他的脸。

"他就是约翰内斯·谷登堡,"塞内克斯小声说,"他的本名叫约翰内斯·根斯弗莱施,后来他用自己出生时所在的屋名做了自己的姓。他现在正在检查一个排字工的工作。他非常仔细地研究过字体,试图把这种在悠久的传统中形成的字体用金属活字仿制出来。他制作的印刷品像手写的每日祈祷书和《圣经》一样精致,一点都不像仿制品。追求完美是他的目标,也是他成功的前提。由此,他的早期印刷品与手写的字体很近似。"

塞内克斯指着一堆印好的书页,拿起其中一张递给贝蕾妮克。

"这很难读。"她看了一眼说道。

"谷登堡用的是'德语'的哥特式字体,其他国家很快就会开始采用更清楚易读的拉丁字体了。"贝蕾妮克将手中的书页递给罗曼,他看了一眼又随手递给斯特凡。

"我也认为,只有有专业能力的人才能看出这是印刷出来的。"斯特凡说。塞内克斯将书页放回去:"谷登堡专门学过金银制品工艺,他极其细致的工作态度正得益于此。年轻的时候他便热衷于这类工作,但是仅靠手艺是不够的。为了建一个印刷行,他需要钱,而这些钱必须靠他自己去筹措。他从美因茨一个叫约翰·福斯特的有钱人那里得到了一小笔资金,用它购置了铅、纸、羊皮纸、压印机、活字和其他工具,建起了这个印刷车间。此外他还必须给干活的人发工资并提供膳食。"

"可他取得了成功!"

"是的,罗曼。虽然他死时仍债务缠身,但我们不必为此感到遗憾,因为这毕竟无损于他的伟大成就。"

让将来每个人都能读到《圣经》

他们又一次朝正在干活的排字工看去。那六个人正坐在木架前的桌子旁,从一大堆摆在木箱里的铅字中挑选所需要的。随后,他们按照一份哥特式字体的范本,把这些铅字十分认真地一一对准。

"排字工必须根据范本把铅字整齐排好,并准确地留好字间距离,确保各行文字的长度一致,"塞内克斯继续讲解道,"每摆好一行便插进一块板子,直到一栏全部插完。每一页《圣经》都由并排的两栏组成。"

"过来吧,我们从后墙的这扇窄门进去,这间屋子里堆放着纸张、羊皮纸和已经印好的书页。印刷工作对纸张、羊皮纸、铅和颜料的需求很惊人。谷登堡也用薄兽皮印一部分《圣经》的封面,单单这项就用了将近八千头小牛犊的皮。"

"人类最后终于发明了纸张,真是太好了。"贝蕾妮克说。

"谷登堡只用质量上乘的纸张。他用大篷马车将纸张从意大利北部经由布伦纳山口运到美因茨,这是一条漫长、艰辛而又充满危险的路。这些纸张是用手制纸浆做成的,上面印有牛头或葡萄形状的水印标志。纸浆的主要材料是碎布片,没有任何木料的杂质,所以保存至今仍完好无损。1452 年,谷登堡开始印刷最早的拉丁文《圣经》。"

"可《圣经》的内容太丰富了,他为什么不选印一本薄一点儿的书呢?"

"这一选择与当时风行的人们对宗教的虔诚十分吻合。谷登堡是一个信奉上帝的人,他首先想到的是要传播上帝的福音,他希望将来每个人都能读到《圣经》。他没想到去印科学文献,更不会想到印政治书籍。"

"他难道没有预见到自己的印刷技术将可能产生的作用和影响吗?"

"肯定没有,斯特凡。"

最伟大的发明

"鹿特丹的大学者伊拉斯谟[①]曾满怀激情地称颂印刷术是所有发明中最伟大的一项。"塞内克斯继续说。

"说这话时他大概没有想到别的发明,如语言、火、耕作、轮子和文字。"

"斯特凡,问题在于伊拉斯谟根本没有可能这样去回顾过去的历史和进化的过程。发展的概念对他来说肯定是陌生的,进步也是。他和当时的人们一样,认为一切都是上帝创造的,所以一切从一开始就是完美的,不可能有任何进步或发展。当然,伊拉斯谟对印刷术的看法是正确的,而且这是人们能够意识到的最早的发明。由此人们不再需要那种昂贵而又耗时费力的手抄本,所有书写的东西都可以轻而易举地复制,在准确性和易读性方面甚至超过了手抄本——这难道不是非常伟大的进步吗?现在,各个国家的学者可以很容易地对某一文本达成共识,因为他们可以参考特定的版本和页面。"

"可是这种发明难道在当时没有遭到非议吗?"

"有,而且为数不少。反对者大多还是很有影响力的人物,

[①] 伊拉斯谟(Desiderius Erasmus Roterodamus,1466—1536),文艺复兴时期尼德兰人文主义思想家、神学家,也是天主教神父,是北方文艺复兴的代表性人物。

斯特凡。最突出的是专以抄书为生的那些人，他们为失去生计而忧心忡忡。"

"这也不是没有道理的。"

"是的，但是不会那么快失业。尽管如此，这大概是人类历史上第一次出现这种情况——手工劳动者由于某种机械的运用和发展而被剥夺了工作机会，以致可能因失业而饿死。印刷术的出现也削弱了中世纪修道院文化的基础。在此之前，修士们的主要工作是不遗余力地抄写有关神学和世俗的作品。有了谷登堡的印刷术，他们的手抄本就很少有人问津了，但是王公贵族、达官显贵和富有的书籍收藏者在很长一段时期都对印刷的书持怀疑态度，因为印刷书籍的出现使他们收藏的手抄文本贬值了。执政者和教士也担心大批的印刷书籍会让革命性的思想广泛传播。"

"他们好像是对的。"

"是的。关于这点我们后面会了解到。尽管有各种阻力，但谷登堡的印刷行仍坚持下来了。人们甚至怀疑这种机器是魔鬼的玩意儿，给它取了一个有双重意思的名字——'黑色的技术'，这当然不仅仅是指油墨是黑色的。在那个充满迷信的时代，与魔鬼有关的事物是十分危险的。到处都有告密者，宗教法庭更是严酷无情！在这样的气氛中，谷登堡充满神秘色彩的工作看上去尤为可疑——能够如此神速地印出这么多书，肯定有什么不对劲的地方。我们现在无法想象谷登堡当时所面临的困难和危险。"

"我们前面聊过，萨福的书曾在罗马和君士坦丁堡被焚毁。现在，教会可有更多的理由反对了。"

"你说得对,斯特凡。教会总是用禁令和焚书来阻止他们不欢迎的事物。教皇保罗四世下令公布了第一批禁书的目录,其中包括伊拉斯谟所有的书、薄伽丘的《十日谈》以及马基雅维利、拉伯雷、阿伯拉尔的著作和两种版本的《古兰经》。一时间,整个意大利映照在焚书的火光中。规模最大的一次是在克雷莫纳,在一所希伯来学校里焚书达一万两千册。"

"为什么偏偏烧这里的书呢?"

"宗教法庭想使犹太法典就此销声匿迹。但是从谷登堡最早印刷书籍到教会大批焚书,中间大约经历了一百年。谷登堡需要与数不清的阻力做斗争,最后由于债台高筑,他不得不卖掉了自己一手建造的印刷行。在谷登堡的印刷术之前,世界上从未出现过两个完全相同的事物,没有一样的面孔、一样的花朵、一样的动物,自然界中一切都是独一无二的。只有工业才会生产出完全相同的东西——大自然对这种简单的重复不屑一顾。所以,对于谷登堡一下子印出这么多书且书中的字母每次都在同一位置,人们百思不得其解,怀疑其中有某种巫术的作用。然而,尽管困难重重,这种新的技术仍然得到了大规模的推广。在不到二十年的时间里,意大利、法国、瑞士和德国至少十几个城市纷纷开始印书。到十五世纪末已经出现三万六千种印刷品。仅仅在崇尚高贵时尚的富裕的威尼斯一地,十五世纪的最后十年就出现了一百五十个印刷行。最早印刷的无一例外都是有关宗教内容的书籍,随后,历史和文学书籍,尤其是古希腊罗马作家的书也很快纷纷面世。"

对知识的强烈渴望

塞内克斯继续说:"印刷书的出现对知识的发展产生了极其深远的影响。突然间,希腊文和拉丁文作品不再是学者和神职人员的专有物,每个普通人都能接触到它们。人们对知识的渴望空前高涨,一大批大学建立起来,成千上万的人进去,并萌生了反对统治制度的思想。"

"但是肯定又是只有男人才能上大学!"

"是的,贝蕾妮克。妇女最多只能去修道院附属学校和教会学校。早在十三世纪时,博洛尼亚、那不勒斯、牛津和西班牙的萨拉曼卡等地就有大学了。1348 年,德意志的第一所大学在布拉格建立。除了修道院附属学校,还有世俗的学校。人们在这些学校里接受读写能力的训练,并学习拉丁语。我认为,我们今天参观的这个印刷行推动了人类的精神发展。西方历史上第一次出现了这样的现象:所有的人都能买到涉及任何知识领域的书籍,包括宗教、文学和历史。人们学会了阅读,文盲逐渐减少,当然这一过程十分缓慢。渐渐地,知识得到了广泛的传播。开始是在贵族阶层,后来是市民阶层,再后来是在普通人中。很快,读书之风便在全欧洲盛行开来。没有印刷术的出现,就不可能有马丁·路德的《圣经》翻译和他推行的宗教改革。印刷——这一新的书籍生产方式,使每个人都有机会读到《圣经》,并唤起许多人自己阅读圣书的愿望,他们不再仅仅满足于教皇和神父的布道。印刷术的出现结束了教会对教育的垄断和管制权(尽管这一过程十分缓慢且不无阻力)。由于不同民族语言的繁荣,科学家们开始超越国界进行思想交流。"

各种荒唐的言论也可以出版

"文学的特点大概也由此发生了变化吧,"罗曼说,"我想,文学的精华一定也少了,也许甚至还会出现粗俗的作品,因为作者要注意适应读者的口味,而他们的读者不再只是达官显贵和神职人员。"

"也可以换一种说法,"斯特凡笑着说,"从这时起,各种荒唐的言论也可以出版了。"接着他若有所思地说:"除了教会的书,新的宗教团体的书和宣传册子也会大量出现。还有那些自我标榜的宗教教师、创立救世说的人和自称得到某种秘传的邪说也会泛滥成灾。在当时,越是无法证明的东西,人们也许越愿意相信。这也是印刷术的后果之一!我永远无法理解,人类为什么如此不理性。"

"但是人类的理智之火也从来没有完全熄灭过,它时不时地会发出耀眼的光芒。"塞内克斯安慰他说,"现在你们还是跟我走吧,我们从德国的美因茨再回到意大利的佛罗伦萨去。这次不需要越过时间,我们刚刚看到的谷登堡印刷的最早一批《圣经》出现在十五世纪中叶,而现在我要讲的这个人——洛伦佐·美第奇,绰号'了不起的洛伦佐',在此后十七年,也就是1469年出生了。来吧,我们的马还在等着呢!我们将骑马经过布伦纳山口和波河平原进入托斯卡纳,这段路程不长,跟我们昨天骑马从阿西西到沙特尔、再从沙特尔越过莱茵河到美因茨一样。"

意大利的文艺复兴

在阿尔诺河桥上

塞内克斯快马加鞭,沿河而上,穿过莱茵河平原的路程其实很短。他们以同样快的速度翻越了阿尔卑斯山。脚下狭窄的道路古老而破败,中间有些路段还是当年的罗马人修建的。他们沿加尔达湖岸向南而行,一直到托斯卡纳,眼前便出现了一片长满柏树的连绵起伏的丘陵。

他们停在一个小山丘上,从这里可以俯瞰佛罗伦萨。

脚下是一圈有城垛和城门的城墙。风过之处,琥珀色的阿尔诺河上留下粼粼波光。韦基奥桥横跨河上,两侧有些小店铺。他们从山丘上眺望佛罗伦萨,犹如注视着一张由黄、褐、灰三色编织而成的大地毯,花纹由各式小房子和长满苔藓的房顶组成,其间还夹杂着深色的线条——小巷、广场、宫殿、塔楼,还有许多教堂。最醒目的图案是那座长方形的大教堂,以及它尖尖的砖红色圆顶和白色的钟楼。

"那里……"塞内克斯伸手指着城市的方向说,"你们看那座像城堡一样宏伟坚固的宫殿……"

"是那座褐色的三层建筑物吗?"

"是的,那就是我们的目的地——美第奇宫殿。我们把马拴在城墙根好了,走几步就到。"

很快,他们就来到了阿尔诺河桥上。这里有许多首饰铺,店铺老板和首饰匠在小店里忙前忙后。另外还有卖丝巾、玻璃项链和发带的小铺。人们讨价还价,有的购买物品,有的笑着走开。一位黑发姑娘头戴镶嵌着珍珠的便帽,正在一个铺面前挑选丝巾。

身处文艺复兴时的佛罗伦萨是多么美妙

塞内克斯激动得两眼发亮,禁不住感叹道:"我们正身处文艺复兴时的佛罗伦萨,多么美妙啊!此时此地正有一股全新的空气迎面吹来,现在我们仍处在十五世纪,或者用意大利语说是'Quattrocento[①]'。"

"为什么说此刻是某种新的开端呢?"

"因为人苏醒了,斯特凡。人们开始用新的眼光注视周围的

---

① 意大利语,意为15世纪。

世界,他们意识到自己具备独立思考的能力,而这种能力又把他们从各种各样的束缚中解脱出来。也许,'重生'正是文艺复兴的根本意义。人的精神不再只关注天堂,他们还关注地球、自然和自然之美,关注人和人体之美。这种新生也改变了人对上帝和天堂的理解(哪怕这种改变非常缓慢),人要做自己的主人了。"

"您说的这些听起来太抽象了,到底是什么重生了呢?"

"当然是人,斯特凡。除此之外没有其他答案。古希腊罗马的思想和感受被重新发现了。经过数个世纪的狂热信仰,这种现象的出现非常令人惊讶。人们不再以迷信的、被神话糊住的眼光看待自然,而是有意识地去认识自然,并创造了一种新的艺术。虽然我们在之前的漫游中常常遇到古希腊的哲学家,但你们不要误认为这些哲学家早已在人们的头脑中根深蒂固了。不,不是,事实上人们并不认识他们!只有极少数的学者或一两个艺术家读过他们的著作。可到了文艺复兴时代,人们开始无时无刻不想到他们,这如同一种狂热的激情,把中世纪的种种恐惧冲得干干净净。世界由此变得明亮起来,光明穿透了压抑人们思想的迷雾。人们不带偏见地重新认识一切:政治、造型艺术、文学……全部的生命。人们开始关注生存,关注这个世界,关注自然和自然之美,关注人的身体和感官的享受——这是一次多么了不起的觉醒啊!"

"您可真够兴奋的!"

"我怎么能够不兴奋呢,罗曼?迄今为止,人们一直满怀敬畏地一心一意想着上帝、永恒和自己的灵魂,现在他们不再仰慕天堂,也不再畏惧地狱,他们发现眼前的世界是属于自己的,而且他们喜欢这个世界。自古希腊罗马以来，一个全新的、充满自豪的亚当第一次将中世纪屡遭羞辱、备受折磨的约伯[①]抛到脑后，与他的夏娃——对，是夏娃，而不是马利亚！——昂首挺胸地迈入世界。看看你们的周围！这里有上百间店铺，人们制作陶罐、给它们涂上彩釉，吹制精细的玻璃器皿。这里有用贵金属和宝石制作的钱币、图章和各种饰物，有的用来装点女人的衣服，有的用来修饰房屋和教堂。细木工以其镶嵌和雕刻工艺而远近闻名，还有雕刻工、印染工、皮匠和纺织工。当然出现在你们面前的主要是人——能够真正感受到美的人。"

"我们距离这段时期已经很遥远了吧？"

"确实如此！然而——没有文艺复兴，没有意大利，没有佛罗伦萨，就不会有今天的一切！另外值得一提的是，在这座城市，日出和日落决定了人们的生活规律。日落以后，城门关闭，如果没有特别的授权，任何人不得随意外出。因此，晚间几乎不会出现犯罪现象，如果有的话，罪犯将受到加倍的惩罚。也许紧闭的城门更令人惧怕，但它能阻止罪犯在夜幕下趁黑逃走。店铺和民宅在晚间也要上锁。然而，当黎明的曙光照进城市、教堂的钟声四面响起、城门随之徐徐开启时，生命的活力又仿佛一下子注进了城市。农民拉着装满货物的驴车来到市场，比萨和博洛尼亚的商贩带来了香料、棉花、线和颜料，工人急匆匆地赶往手工织布工场，商店也开张营业了。晨间祈祷在这里既是一种宗教仪

[①]《旧约》里的人物，经受上帝的诸多考验，失去了财产、子女、健康，在苦难中确证自己的信仰。

式，也是一种社交活动，每天晨祷后作坊里和店铺里便挤满了人。狭窄的街道上一整天都是熙熙攘攘的人群。"

房子太大，家庭太小

"现在我们来谈谈洛伦佐·德·美第奇，这位'了不起的'人。我们现在正站在他的祖父、被称为'祖国之父'的科西莫一世建造的宫殿前。'对于如此小的家庭来说，这座房子太大了'，科西莫一世的儿子、洛伦佐的父亲皮埃尔曾这么说。皮埃尔患有痛风病，说这话的时候，他还不可能预见到，美第奇家族在往后的几百年间会取得如此举足轻重的地位。他们用金钱和财富控制了欧洲的政治，这个家族的女儿们也纷纷同欧洲各国的国王和其他政要联姻。"

"凯瑟琳·美第奇就是法国的王后。"

"她也许是最光彩夺目的一位，罗曼。"

"奥格斯堡的富格尔家族不也曾有过这样显赫的权势吗？"

"从某个方面来说是这样的，贝蕾妮克。不过，雅各布·富格尔只是通过资助皇帝查理五世的战争而发了财，没有对当时艺术和精神领域的发展产生多大影响。美第奇和富格尔确实都是趁着贸易和金融业的兴旺而发家致富并获得权势的。当时仅在佛罗伦萨就有八十家大银行，近十万居民中有四分之一在二百家企业中从事制造业。那时从东方传来一种用紫色颜料染色的技术，一些棉纱厂主因此而发了横财。除金融市场外，棉花和丝绸市场也是聚敛财富的地方，纺织工业那时已经有了资本主义组织形式的萌芽。银行通过兑换支票、发放贷款渗透到各行各业，他们不仅给工厂主和贸易商提供贷款，还资助王侯及政要。人们大量置办机器和其他生产原料。佛罗伦萨的商人与地中海和北海沿岸的港口城市，甚至布鲁日[①]都有贸易往来。佛罗伦萨在整个意大利、佛兰德、埃及、波斯和印度都有领事馆。"

"中国——这可使我想到了马可·波罗。"

"肯定会的，罗曼，他的名字尽人皆知。马可·波罗是威尼斯人，不是佛罗伦萨人，但他仍是那个时代的代表人物。话说回来，领事馆的主要作用仍在于促进贸易。为了更接近大海，便于贸易，佛罗伦萨人征服了港口城市比萨。佛罗伦萨是当时世界的金融中心。科西莫一世以'祖国之父'的名义主持政府事务。尽管这期间也发生过几次血腥的篡权活动，他仍把统治大权牢牢控制在美第奇家族的手里。"

"我只知道，洛伦佐曾遭暗算，所幸脱险，但他的兄弟却身亡了。"

"由帕奇家族发动的对抗美第奇家族的暗杀事件已经载入史册，罗曼。我们知道，当时的暗杀并没有得逞，但洛伦佐对此进行了血腥的报复。整个佛罗伦萨都为洛伦佐的胜利欢呼，称他为祖国的救星。他的权力更加不可动摇了。作为银行家的父亲和祖

---

① 比利时的一个城市。

父为他的发展铺平了道路。他们在布鲁日、威尼斯、伦敦、日内瓦和阿维尼翁及地中海东部诸国都有分号。皮埃尔继科西莫一世之后成为意大利的主宰，而他的儿子洛伦佐则过上了歌舞升平的生活。即使如此，洛伦佐仍充满求知欲。他受过很好的教育，喜欢与学者和有身份的艺术家交往，致力于哲学和数学的研究。科西莫曾建立了一个专门研究柏拉图的学院，皮埃尔死后，他留下的丰厚遗产便落到了当时年仅二十岁的洛伦佐手里。可惜洛伦佐对金钱交易缺乏天分，未能完全保住这份巨额财产。由于经营不善，他不得不关闭许多分号，最后靠佛罗伦萨教区提供的一笔无息贷款才拯救了濒临倒闭的美第奇银行。但是，洛伦佐却是一位天才政治家，十五岁时就致力于国家政务，代表他的父亲出色地斡旋于各国的宫廷中。他能够化敌为友，被尊称为'了不起的洛伦佐'。比他的政绩更为出色的是他对艺术的贡献，他是艺术的倡导者和爱好者，下令在佛罗伦萨建造许多华美的建筑物，其中包括在当时被称为奇迹的圆顶大教堂。柏拉图学院院长把这个时期称为'黄金时代'，这种金色的光芒照耀着文化艺术各个领域，长期因教会压制而被埋没的文法、诗歌、辩论、绘画、建筑、雕塑、音乐和歌唱都焕发出了新的光彩。洛伦佐还为了自己的利益修改了宪法，他无所顾忌地收买理事会和佛罗伦萨议院的选票，借助财富使自己成了佛罗伦萨最强大的统治者。"

毫无节制的慷慨

他们经由拱廊环绕的内院进入宫殿。侍从、文书、市民和贵族来来往往，到处都是身着华服的人。

塞内克斯停下了脚步："关于洛伦佐还有一点要提一下。他十分了解古希腊，而且精通古希腊的各门科学，但是他被称为'了不起的洛伦佐'，主要还是因为他那毫无节制的慷慨。他捐助建立了十几个宗教基金会，资助的艺术家、学者和诗人更是不计其数。他还给国库提供过巨额贷款。"

"那么佛罗伦萨还能算一个共和国吗？"

"只是名义上的共和国，斯特凡，实际由洛伦佐专横独断。表面上看，他没有任何正式头衔，只是一个普通市民。他的政治决策是在'七十人理事会'中被通过的，而理事会中他的人占大多数，几乎不可能有反对的声音。洛伦佐还派人暗中监视每一个人，不放过任何可能的威胁。我们今天会批评他的这种做法，可他统治下的佛罗伦萨秩序井然，人民过着富足的生活。当时就有人说过，洛伦佐虽然是个暴君，但是没有比他更好、更令人愉快的暴君了。老百姓每天都能观看到戏剧表演、举办欢庆筵席，参与各种各样热闹的新鲜事。这时的手工业也获得了极大的发展，有才华的人能够到城里学习各种科学和艺术，锻炼各方面的能力。贵族们喜好体育竞赛，市民们则以赛马为乐。一会儿你们就能看见洛伦佐了，他在给一个画家当模特儿，同画家一起探讨艺术和绘画。洛伦佐本人是一位伟大的诗人，用通俗拉丁语（托斯卡纳的方言）写过舞曲歌词和十四行诗；他甚至还会作曲。但是这些成绩同他对诗人、学者及哲学家的大力资助相比，就显得微不足道了。不过，有一件事非常遗憾：他没有发现莱奥纳多·达·芬奇的伟大之处，而是将他派到米兰，为当地的一位公爵塑像。除此之外，可以说那个时代所有重要的艺术家都曾受益于洛伦佐。我就不一一列举了，这会使你们感到乏味的。但是有一点我必须提到，洛伦佐不但让佛罗伦萨的圣马可修道院的美第奇花园收集绘画和雕塑作品，还资助年轻的艺术家在此接受培训，其中包括年轻的米开朗琪罗·博纳罗蒂——我认为他是人类历史上最伟大的雕塑天才。洛伦佐待米开朗琪罗像朋友一样，连通向花园的钥匙都给他一把。"

艺术史上最富革命性的发现

他们沿路拾级而上，最后穿过一个长长的走廊，到达一扇雕着花纹的橡木大门前。塞内克斯轻轻一推，门沿着枢轴无声无息地打开了。他们面前是一个宽敞的房间，屋内四壁挂着靛蓝色的壁毯。

塞内克斯和他的同伴们站在一侧，身体有半边被一张屏风挡住。"这里的一切都是用最精细的染料加工的，佛罗伦萨的富庶也归功于这种染色技术。"

清新的空气从窗户吹进来，一个男人坐在有高靠背和宽大扶手的椅子上。"这就是洛伦佐·德·美第奇。"塞内克斯低语道。这位佛罗伦萨的主宰身穿棕色的过膝长袍，脖子上是一圈细窄的白色小竖领，深红色的头巾裹在深棕色的头发上，又在胸前打了一个结，看上去好像戴着帽子和围巾。他的肤色黝黑，下巴棱角分明，鼻子宽大扁平，眉毛凝重。

"他可不算英俊。"贝蕾妮克喃喃自语道，"但却很有特点，显得与众不同！"

在离"了不起的洛伦佐"不远的地方，一个画家已将画架支好了。"洛伦佐·德·美第奇在利用为大师当模特的机会，摆脱公务，放松自己，畅谈艺术。"塞内克斯说道。

他们听到洛伦佐对正在挥笔作画的画家说道："大师，请谈谈你对透视法的看法吧！"

"目前再也没有什么比这更令我感兴趣的了。"画家欣然回答道。

"你想与大自然并驾齐驱吗！"

"是的，大自然是最伟大的老师，而人是自然万物的尺度。完美的精确性，也就是完美的准确性——准确的才是尽善尽美的。我想用前人不曾用过的方法作画！自从发现了透视法，我就希望在画中展现空间和深度，我要在与实际相符的氛围中表现人物，表现人在万物当中的确切位置。"

画家用大众听得懂的语言说话

画家又取了点黑颜料，用来描绘洛伦佐·德·美第奇那浓密的眉毛。洛伦佐陷入了沉思，过了一会儿才开口问道："告诉我，为什么你不像你的众多同行那样献身于雕塑艺术呢？"

"我更热衷于绘画！想想那些色彩，还有无可比拟的光度，它们的魅力是无与伦比的……"

"难道在你眼里，优美的体态、起伏的曲线、肌肉的力度、脖颈的活力、脸部线条的高贵都不能与之相提并论吗？"

"对这些美我并非没有感觉！我也赞美雕塑艺术。但我不愿雕刻石头，还有另外一个原因。慷慨的资助让今天的艺术可以通过任何方式进入任何它想要表现或装饰的领域，而雕塑是其中费时费力又费钱的一种，相比之下绘画则可以更快更好地达到……"

"你的看法非常正确，大师。"

"而你在艺术的道路上却远远地走在我们前面，洛伦佐先生。"画家说道，"再也没有比你更慷慨、更热情的支持者了，没有你就没有我们！"

"唉！"洛伦佐·德·美第奇叹了一口气，脸色变得忧郁起来，"我虽然拥有权力，却也顾虑重重。除了资助艺术，我还得建设城市，让它更加宏伟、美丽，这不仅是我的愿望，更是我的义务，因为这是人们的期待。一旦掌了权，就没人能只按自己的意愿办事了。如果他游手好闲，人民更会备受煎熬。请原谅，我现在累了，我们休息一下吧。"

所有的时代都是残酷的

这句话也提醒塞内克斯该走了。他们在一个低矮的箱子上坐下,稍事休息。

"1492 年,'了不起的洛伦佐'去世了,年仅四十四岁。"塞内克斯接着说道,"他是这个人才辈出、群星灿烂的年代最耀眼的星星之一。"

"这个年代难道不也是一个非常残酷的年代吗?"

"是的,我们有这个印象,贝蕾妮克。至于文艺复兴时期的人们是不是特别残暴,我们无从得知。可以肯定的是,我们手头关于这一时期的材料比以前任何一个时期的都多。关于洛伦佐,我们可以说,没有一个人像他那样充分地体现了意大利文艺复兴的精神,也没有谁像他那样能有如此多的面孔和如此鲜明的性格反差。他是文艺复兴的中心,他统治着一个国家,却又挥霍无度;他思考哲学,却资助艺术家和诗人;他自称学者,却又与农民和愚人为友;他热爱化装舞会、供养情妇、唱渎神的歌,但也写虔诚的赞美诗。他作为最伟大、最高贵的意大利人受到全欧洲人的敬重。他的一个儿子后来成为教皇,即利奥十世,人们说他是最富艺术灵感、最有文化的教皇。"

意大利文艺复兴时期前所未有的妇女解放运动

短暂的停顿之后,贝蕾妮克接着说道:"这听起来不错——但又是只提男人如何如何。前面说的女性多是情妇,文艺复兴时期的女性是什么样的呢?"

"我相信,毫不夸张地说,欧洲的妇女解放运动在文艺复兴时期得到了空前的发展,这是由于人们生活水平的提高,以及摆脱了狭隘的宗教束缚的自由和宽松的思想形态。那时的妇女对许多领域都产生了影响,包括政治和艺术方面。她们的美貌使人着迷,这点可由留存的数百幅绘画证明,我指的不仅是圣母画像,还有那些著名的肖像画,如《蒙娜丽莎》。在文学方面,你们也许知道薄伽丘的小说……"

"这对我来说太理想化了!当时的实际情况未必这么美好!"

"是这样,贝蕾妮克,我马上就会谈到这点。事实证明,意大利文艺复兴时期的确出现了一连串凭借着聪明和天赋而名声大振的女性。她们巧妙地统治着王侯们的城堡,如曼图阿的伊莎贝尔·德·埃斯特[①],还有凯瑟琳·斯福尔扎,她虽被同时代的人称为泼妇,却也因其才智而备受赞赏。"

"卢克雷吉娅·波吉亚可以与她们并列?"

"她是不是真如别人说的那样不知廉耻仍是一个有争议的

---

① 伊莎贝尔·德·埃斯特(Isabella d'Este, 1474—1539),曼图阿侯爵夫人,在政治、文化、艺术、时尚领域都产生了非凡的影响力,曾代丈夫和儿子摄政,资助了众多艺术家,其书信作品在文学领域亦有一席之地。

话题，罗曼。她只是听任父兄摆布的工具。她的父亲是以罗马为中心玩弄权术的教皇亚历山大六世，她的兄长是那个罪恶多端的切萨雷[①]。摆脱了这两个男人之后，卢克雷吉娅作为阿尔方索·德·埃斯特的妻子和四个孩子的母亲在费拉拉过上了堪称女性典范的生活，她也是艺术的热情支持者。总而言之，文艺复兴时期受过教育的妇女是通过她们的聪明才智、教养和魅力而在社会上获得影响力的。"

"可这些都是突出的例子，那些普通妇女又怎样呢？"

"普通的女性要操持家务，承担家庭日常生活的重担。如果娘家富裕而本人又受过良好的教育，她就会有不少追求者。女性婚前一般是住在娘家，或在修道院里过着与世隔绝的生活，她会学一点拉丁语、一点希腊语，还会学习罗马史、文学和哲学。有时她也会摆弄乐器，极个别的能受到全面的人文教育。

"一般来说女人不能抛头露面，她们要么结婚，要么沦为娼妓——当然这主要是那些出身低下的妇女。以前从来没有出现过那么多的卖淫妇，特别是在罗马（基督教的中心），从未有一个地方像罗马那样给卖淫者提供过如此多出人头地的机会。当时对性的态度普遍开放，甚至教会也能平静面对，饱食终日的教徒们可以为所欲为。当然那些由普通的娼妓一跃成为富有而有教养、影响力深远的高级妓女只是极少数。"

[①] 切萨雷·波吉亚（Cesare Borgia，1475—1507），曾任枢机主教，后为瓦伦提诺公爵，成为当时意大利中部的霸主。

世界上最有名的肖像画

"我们可将蒙娜丽莎当作文艺复兴时期的典型女性来看待吗?"

"我想可以的,罗曼。她肯定不是高级妓女或某人的情妇。你能提到她太好了,她的肖像画也许是世界上最有名的油画。大家都知道,这幅作品的作者……"

"是莱奥纳多·达·芬奇!"

"……他是人类中最伟大的天才之一。"

"他是一位全才吧?"

"他掌握了那个时代全部的知识和技能。在文艺复兴时期,天才头一回走上了人类历史的舞台,走进世界,并以自己的灵感和意志改造着世界。"

"您认为现在没有这样的全才了吗?"

"取而代之的是专业人才,罗曼。"

"或者说是专业蠢材。"

"为什么你对什么都持否定的态度,斯特凡?我们当然也需要可以彼此密切配合的专业人才。我相信人类的未来正有赖于这种合作精神。"

"我也有同感。"塞内克斯侧过头说道,"我们还是谈谈莱奥纳多·达·芬奇吧。他是画家、雕塑家、工程师、城堡建筑师、设计师,你们想怎么称呼他都行。大家都知道,他曾费尽心思设计出一种飞行器(虽然它还不能飞行)。他创造了独具一格的绘画手法,他的画中有一种人们称之为'sfumato'的独特气息。"

"这是什么意思?"

"我们可以把'sfumato'翻译成'烟雾弥漫',贝蕾妮克。达·芬奇将浓淡程度近似的颜色混合在一起,使人几乎察觉不出颜色的过渡,营造出柔和的轮廓。这种技法后来也被其他画家(如拉斐尔)采纳。还很年轻的时候,达·芬奇就写道:'我要创造奇迹。'他真的做到了这点。他来自托斯卡纳的一个小村庄,只是公证员和村民的私生子,后来却以惊人的才华征服了王公贵族,赢得了国王和教皇的赞誉。他为几代画家开辟了通向新视觉的道路,教导他们把握事物的内在本质。他在众多知识领域都进行过深入的探索,所以我们无法确定他作为画家、工程师、自然科学家何者成就最高。我只想向你们介绍他的众多成就之一,这也是我本人认为最具代表性的,它不仅对艺术领域,而且对医学乃至整个人类的认识发展都产生过巨大的推动作用。"

"我知道您想说的是什么,您指的是他对解剖学的研究!"

"对,罗曼。又过去了几十年,我们现在在1503年。在这期间,佛罗伦萨人将美第奇家族赶跑了(后来他们又卷土重来),狂热的僧侣萨伏那洛拉[①]企图压制文艺复兴的自由精神,将人们拉回到中世纪狭隘的宗教偏见和对来世的恐惧里……"

"又是一个宗教狂。"斯特凡插嘴道。

"这种人在任何时代都有。萨伏那洛拉最终被烧死在绞刑架

[①] 萨伏那洛拉(Girolamo Savonarola,1452—1498),宗教改革家、多明我会修士,曾领导起义,试图推翻美第奇家族的统治,实行民主改革,但最终被以"异端"罪杀害。他也反对文艺复兴的艺术和哲学,焚烧艺术品和非宗教类书籍。

上。整个意大利一片混乱，武力争斗群起蜂拥，德国皇帝和法国国王也加入其中（当时的情况概括起来就是这样）。达·芬奇对自己所做的一切都不遗余力。他穿越托斯卡纳群山，研究几百万年前由大海淤泥形成的化石和陷在其中的贝壳、墨斗鱼、蜗牛壳，由此他开始探索物种演化的理论。最突出的是他的解剖学成就：他解剖尸体，并对之进行极其精确的描绘。"

"那时教会不禁止吗？"

"是禁止，斯特凡，可人们不理会这一套。于是艺术家们就可以在所谓的解剖室内研究人体结构了！"

塞内克斯站起身来，表示他想继续向前走。

"贝蕾妮克，"塞内克斯道，"我们现在离开美第奇宫殿，走过几条街，就到莱奥纳多工作室了。"

马基雅维利——一位狂热的爱国者

塞内克斯带领他们穿过生机勃勃的城市，来到一座大房子前，屋门虚掩，他们可以直接进去。他们进到一个像是画室的房间里，里面摆满了画架、亚麻画布和桌子，桌子上是颜料桶、纸、炭笔、蜡烛、烧尽的油脂蜡和酒罐，地上堆放着工具、风箱和破旧的家什。靠后的一张桌子旁站着两个男人，他们仔细端详手中的图画。石灰墙面上挂着大幅的画纸和卡纸，上面是笔法豪放的速写。

"达·芬奇受议会之托，为市政大厅画一幅战争题材的油画。他不喜欢这项工作，更何况他的竞争对手米开朗琪罗将在对面的墙上作画，而那幅画的主题更合莱奥纳多的口味。这是他不能忍受的。尼科洛·马基雅维利说服达·芬奇接受这项工作……"

"您指的是那个热情颂扬武力的马基雅维利吗？"

"是的，罗曼。提起他的名字，就令人不由得想起那种厚颜无耻、为达目的而不择手段的外交手腕。"

"'目的可将一切手段神圣化。'"斯特凡引用了一句马基雅维利的名言。

"是这样的，他的著作《君主论》的某些段落读起来简直像是为现代黑手党头子写的。但我们对马基雅维利也要一分为二地看待，他拥有外交家、历史学家、政治理论家和戏剧家等多重身份。他在晚年甚至支持共和的观点。这个口吐玩世不恭之词的男人在内心深处是一个狂热的爱国者。对他而言，统一意大利的信念超越了一切伦理道德，他认为，意大利分裂为几十个国家和城邦是一切祸害的根源。他拒绝皈依基督教，因为他坚信教会的教义根基是虚假的事实，但他认同社会秩序的建立需要超自然的信仰。他是一个摒弃了基督教伦理学的无神论者，强烈批判基督教将宽容、温顺、谦恭、服从、热爱和平等相提并论的做法。他崇尚古罗马将人民的利益（或者说国家的利益）作为最高原则的伦理学。"

"归根结底还是人民的利益，这么说他还是一个启蒙运动者！"

"启蒙思想在文艺复兴时期以多种形式传播开来，斯特凡。

那时正是宗教改革的前夕。"

"宗教改革是启蒙运动的必要准备！"

"是这样的，斯特凡。不过，启蒙运动远远超越了宗教改革，宗教改革只局限于教会和基督教的信仰，而启蒙运动则对信仰本身提出了质疑。"

塞内克斯指着桌旁的一个男人，他正站在窗下，身着黑衣，骨瘦如柴。他面色苍白，双颊深陷，目光锐利，薄薄的嘴唇使他看上去犹如戴着面具。"这就是尼科洛·马基雅维利，"塞内克斯说道，"他是一个沉思者，而非一个讲究情调的人。"

艺术在表现真实方面必须达到一种全新的境界

另一个男人则显得更结实粗壮，他的脸颊呈粉红色，这种脸色是那些经常在户外呼吸新鲜空气的人常有的。他应该快五十岁了，胡子长长的，却修饰得很仔细，脸庞宽大而温和，眼睛发出充满探索欲的光芒，头发披在肩头。

"你看，马基雅维利，"达·芬奇讲解道，"我不得不做解剖，艺术必须向前迈进一步，从而在表现真实方面达到一种全新的境界。我做了很长时间的准备，请人磨制了专门的刀片，还需要细巧的钳子和锯子。我亲手制作了许多用来绷紧和肢解尸体的工具，还有一些用来测试皮肤和肌肉弹性的工具。"

"这样做到底是为了什么？"马基雅维利问道。

"因为我们必须摆脱从前那种对身体的公式化理解，把人体当作穿着衣服的木偶画在布告牌上，而不是有血有肉能够呼吸的人。"

"为此你就要解剖尸体，莱奥纳多先生？不久之前教皇还下了一道手谕，将解剖尸体定为死罪呢。"

"啊，幸好这事已经过去了！"

"这倒是真的。尽管如此，用刀将死者的身体切开，把内脏暴露出来，到底有什么好处？"

"人的身体是所有艺术品中最高贵的。然而，人的生命力是由内而外散发出来的，我们所见所爱的只是其外表。不过，尼科洛先生，这些外表是表现形式，也就是说，是表现内在的媒介。我研究过城市和乡村的人们，农民、染色工、石匠——随便什么人，我都可以画出他们耕田、打谷、饮酒、数钱和睡觉的样子，但是，如果你不知道他们的内部构造、了解他们靠什么充满生机、怎么呼吸、怎样运动，你就无法真正地描绘人物。艺术家应该了解骨架的结构和肌肉、筋腱的状况，它们相互作用、彼此影响，皮肤就像果实的外壳，而果实则由血肉组成。"

"在观察人体内部时，你将发现上帝到底创造了什么使我们生存下来，难道你不想更多地了解人类、了解自己、了解上帝吗？"

我们人类是像猴子一样的生物

达·芬奇没有直接把自己的意思说出来,而是说:"我给自己定了一个任务,我要将人体发展的每一个阶段——从生到死——都画下来。因此我要描绘出男人的每一个部位和女人的每一种形态。我发现婴孩是在羊水里发育的,那情形有如一块慢慢从水中浮出的大地。"

"他喝这种水吗?这种水是他的养料吗?"

"不是的,"达·芬奇回答道,"婴儿由脐带提供营养。我发现人是由血管、神经、肌肉和骨头组成的。我研究了所有器官的位置,并用笔画了下来。"

"大概没有什么是你不想探索的?"

"是的,没有。我为此感到高兴,因为我现在知道,我们人类是像猴子一样的生物。"

"什么?跟猴子一样?也许只是相似?"

"这就是世界观的问题了。毫无疑问,人类与所有的动物,包括狮子、豹子、老虎、美洲狮、狼,甚至鱼类和鸟类都很类似。"

达·芬奇捡起一张纸递给了马基雅维利:"请比较一下人手与熊掌、鱼鳍、鸟翅和蝙蝠的翅膀骨架。我可以告诉你,甚至猪肺也跟人肺没有什么区别。"

"这听起来太新鲜了!"

"是啊,我扪心自问,上帝真的创造了人吗?也许人只不过是一种学会了直立行走的四脚动物。"

"为什么上帝不是先创造了其他动物,然后从中演化出了人类呢?"

达·芬奇点头道:"这完全有可能。"

我对解剖学的兴趣与对机械的兴趣紧密相连

马基雅维利出神地看着这些画。良久,他说道:"自然赐予你杰出的才能。这些画将存留下来,它们是真正的杰作。我看到画上像是一团缠绕在一起的编织物,它揭示了上帝的意图,让我忘掉了血管、肠子和其他器官原本的恐怖面目。一切都清晰可见、超凡脱俗,似乎生命的短暂也被你的作品战胜了。这不是很奇妙吗?你的手也终有消失的一天,然而它却可以创造出永恒来!啊,我在说些什么呢,这也许更是创造之神的奇迹,因为正是它带动着你的手在纸上作画。人能离上帝这么近吗?或许他的面貌就隐藏在这些线条、这些网络之后?"

"我那一百多本速写对此做出了答复。"达·芬奇说道。

"一百多本速写……你画了那么多?"

"也许还要多。为此我既不吝啬钱财(这需要用一大笔钱),也不惜心力,画这些画几乎耗尽了我的精力。我的障碍只有一个!"

"是什么?"马基雅维利嘲弄道,"莱奥纳多·达·芬奇也会遇到障碍吗?"

"只有一个障碍!"

"我可不知道你还能遇到什么障碍!"

"这是唯一的障碍,也是我们所有人,包括我和你,都不可能逾越的障碍!"

"到底是什么呢?"

"时间!这是最大的谜,尼科洛先生。它是所有哲学的源泉,所有思想的开端。"

"我明白了——你指的是短暂的生命。你称自己为工程师,莱奥纳多大师,其实你不更是一位哲学家吗?"马基雅维利薄薄的嘴唇泛起微笑,"同时你还对人体解剖如此投入!"

"我对解剖学的兴趣与对机械的兴趣是紧密相连的。"

"人体与机械又有什么关系?"

"零件的组合运转令我兴奋,甚至可以说心醉神迷。这是一种神圣的和谐。人们应看到并认识到这种和谐!运转着的零件相互作用,从而形成了整体。蚂蚁的爬行可以类推到整个宇宙乃至上帝。胳膊的弯曲、腿的屈伸及双手的抓握,其中的原理必须在对整个人体有全面了解后才能真正认识得到。"

"只有认识了上帝,才能理解蚂蚁的爬行?"马基雅维利锁紧了眉头。

"可以这么说吧。通过对机械的研究,我更能理解人体的运动和它的物理基础。"

"但缺少了灵魂!"

灵魂就是身体，身体就是灵魂

"灵魂——身体？这有什么区别？"达·芬奇略微站直了身体，"我认为，灵魂就是身体，身体就是灵魂。"

"这话可别让神父听到！"

"我只是对你说，又不是对圣父说！况且，对圣父我们什么都可以说，甚至是不敬之语，只有那些低等的教士才那么小气。我还想告诉你，机械原理不仅适用于非生命物体，杠杆、传动杆和滑轮运转的原理同样适用于解剖学。"

"那么说来，死气沉沉的机器是生物的影子了？"

"是的，机器是有机物的影子。"

"那么，还有一个问题，对于我们不灭的灵魂，如果它确实存在于身体里，存在于我们的四肢以及使之运转的力量之中，它究竟在哪个部位呢？"

"我不知道。尽管我也常常这样问自己。现在我只好把这个问题交给上帝了。"

塞内克斯转向他的同伴，轻轻耳语道："他该说的都说完了，我有一个新的目标。来……"

斯特凡最后注视了那两个男人一眼，对玩世不恭的政客暗暗产生了好感，他想，或许这个人对人性的理解比某些理想主义者更深刻。

他们来到屋外，日当正午。"我们爬上小山牵马去吧。"塞内克斯说道，"还要再骑马走一小段路。"

"去哪里呢？"

"再回罗马一趟，贝蕾妮克。你们肯定认不出它来了，这座古典的城市此时已经破败不堪。罗马帝国的中心——罗马广场，已成为一片废墟，一个采石场。我们参观过的卡拉卡拉温泉浴场也是同样的遭遇。我们今天去的是在文艺复兴时期教皇统治下的罗马，虽然破败，它却又一次以另一种方式经历了辉煌。"

"辉煌与罪恶在天平的两边。"

"可以这么说，斯特凡。再谈谈达·芬奇。我不想让你们误以为他是那个时代唯一解剖尸体的人。那时医学界获得了不少新的知识，解剖学为之提供了依据。在达·芬奇之前一百五十年，博洛尼亚就出版了一本《解剖学》，三百年来这本书一直被当作不可推翻的权威。在博洛尼亚和比萨的许多大学里也已进行了解剖试验，甚至罗马教皇西克斯图斯四世也下令准许在教皇医学院里解剖尸体。古希腊人曾把心脏比作制热器，把动脉比作传送气体的管道，而脑子则是一种冷却盘管。从这时起，印刷业也对医学的发展起了积极作用，它促进了知识的交流，加快了文明演进的步伐。"

"那么达·芬奇最突出的贡献在哪里？"

"是他那不知疲倦的探求欲，他的好奇心、记录事物时那不可思议的精确性、打开人体和头颅的灵巧技艺。他曾打开头颅盖并画下全部的骨架结构。没有人画过比莱奥纳多更精确、艺术上更讲究、更具审美效果的解剖速写。他画了好几百幅肌肉、血管、骨头和内脏的图画，这些画非常准确，到今天人们还能使用。他还为这些图画做了详细的解说,整整一大本笔记记录了他对人体生长和发育的观察。难怪二百年后英国最伟大的解剖学家威廉·亨特把莱奥纳多称为他那个时代最伟大的解剖学家。"

"从人类诞生,经过古老的文化发展至莱奥纳多,这一过程真令我惊叹,"罗曼说道,"也使我充满希望——如果人类有这样的潜能,文明就不会消亡。"

"可像达·芬奇那样的人太少了。"斯特凡嘟囔着。他们登上小山丘。马儿还平静悠闲地站在原地,似乎才过了几分钟。也许确实如此,因为在进化公园里,时间的流逝遵循另一种原则。

教皇的罗马

景象凄惨的城市

当他们骑上马向南行去的时候,情形也是这样,进化公园的时空按照自己的原则飞快地变化着,很快他们就被托斯卡纳的丘陵风光包围了。他们的目光扫过群山和峡谷,掠过起伏连绵的绿色山冈,一切仿佛出自一位古老画师之手。墨绿的柏树耸立着,城堡看起来像积木搭成的玩具。不知不觉地,妩媚的托斯卡纳变成了粗放的翁布里亚。那呈几何形的田野上麦浪翻滚。路的两旁,深色的橄榄树枝之间是挂满葡萄的葡萄架。

"真像一个精美无比的大花园!"贝蕾妮克欢呼道,这美丽的景色让她眼花缭乱。他们沿着塔西米亚湖岸骑马小跑了一小段路,看到山冈上的阿西西,想到自己曾在那里逗留过,使他们觉得自己和这座小城有了一种密切的联系。

不久他们到达了罗马,这座曾光辉夺目的大城市现在看起来糟透了,那些著名的公共建筑和住房均已坍塌,有些显得光秃秃、空荡荡的,破碎的墙头长满了野草和葡萄枝蔓。城市一片荒凉,有的地方就像垃圾场。他们骑马踏过动物的尸体。猪猡们在一座还有点样子的希腊庙宇的垃圾中翻找食物。

"当时有人称罗马为一具腐烂的尸体,其实不完全是这样。教皇西克斯图斯四世曾竭尽全力扩建街道,重修部分建筑物,但在波吉亚家族的统治下,罗马更加衰败。从欧洲各地涌进来的朝圣者的遭遇最为凄惨,他们的财物被洗劫一空,人被推来撞去,在盛大的宗教游行时被马踩倒,在客店被臭虫咬得半死,在教堂被骗走最后一块第纳尔。"塞内克斯沉思着,然后像是带着歉意说道,"尽管如此……然而……"

他们骑马经过一个罗马圆形露天剧场,现在有许多人家在这里盖上了木棚定居下来,随后经过一条蜿蜒漆黑的小巷来到一个广场前。

正在计划中的新彼得大教堂

"这就是鲜花广场。"塞内克斯讲解道,神情明显轻松起来。贝蕾妮克也吐了一口气,现在她们终于又回到了文明世界。干净的摊铺上摆满了色泽鲜艳的蔬菜、鲜花、鱼和肉,广场上人来人往,十分拥挤。

"罗马的厨娘和主妇在这里采购每天所需的食物。"塞内克斯说道。四周的小巷和街道上生机勃勃，这里的房屋看起来较为舒适，而且不么破旧。

"我们离梵蒂冈越来越近了。"塞内克斯说道。穿过一道高高的城墙，他们将马拴在城墙后面的一根柱子上，然后迎着老圣彼得大教堂走去，这是一座明显向一边倾斜、需要依靠多重支撑的砖体建筑物。

"我的天，教堂要塌了！"贝蕾妮克叫道。

"它已经有一千年的历史了，君士坦丁大帝下令建造了它。现在新的彼得大教堂正在规划中，它将成为教皇的主要教堂，为不断涌到罗马的朝圣者提供虔诚礼拜的场所。还要有几十年的时间，它才能按照建筑大师布拉曼特[①]的设计建造完工。"塞内克斯和他的三个同伴注视着老教堂的内部，几百根大理石和花岗岩圆柱将教堂分成了五个部分，托起教堂的穹顶。

"罗马所有的圆柱都在这里，"塞内克斯说道，"他们毫无顾忌地将其他古老的庙宇抢掠一空。我们不打算在此停留。"

他带领他们穿过教堂，经过一侧边门和几个房间，这里也挤满了人，大多数是身穿教士长袍的神职人员、文书或官员。墙壁上不挂画像的地方，都挂着名贵的佛兰德壁毯，壁毯之间摆放着古希腊的塑像。宽大的阶梯通向一个走廊，走廊的尽头是一扇小门。

---

① 布拉曼特（Donato Bramante，1444—1514），意大利建筑师，文艺复兴时期古典建筑风格的奠基人。

一个仰卧在脚手架上的人

他们惊奇地停住了脚步，面前是一个穹顶很高的宽敞厅堂，光线通过开在墙顶的窗户照射进来，林立的支架直通穹顶下方。有的工匠搅拌着大圆木桶里的石灰浆，有的正在捣碎颜料，佣工们用木桶将颜料提到梯子上。在另一处，木匠们把木棍用绳子绑在一起，固定在水泥穹顶下方，搭起了一大堆脚手架。空气中弥漫着一股湿灰浆味，新鲜颜料发出的味道也很刺鼻。

"请注意最上面那个小个子男人。"塞内克斯指着上面一个朝后仰躺在脚手架上的人影说道。

"他就是米开朗琪罗！"塞内克斯说道，他的声音极低，带着敬畏，"以这种姿势作画——躺着或蹲着，脖子使劲朝后仰，眼睛垂直朝上——耗尽了他的体力。他胳膊酸痛，身体也因过度抻开而疲惫不堪。虽然他将眼睛眯成一条缝，而且每画一笔就闭一下，但还是会被不断掉落下来的颜料蒙住眼睛。"

"我在上面一定会头晕的。"贝蕾妮克无比钦佩地说道。

"他也深受其苦。西斯廷教堂的高度惊人，他身处最高一层的脚手架上，在那么高的地方仰躺着，充满艰辛而又激动不已地描绘人物的轮廓，距离地面至少有二十米。他画了大约三百个男人、妇女和儿童形象，个个栩栩如生。"

他们看到，米开朗琪罗正在用握在左手拇指和食指之间的画笔作画，画笔上的颜料滴了下来。他完全平躺着，将膝盖弯曲顶在胸前，以支撑那条作画的胳膊。

"无论采用哪种姿势作画,躺、弯腰、倚靠着外物或跪着,对他都是一种折磨。"

他们仰脸朝上注视着这幅还没有被脚手架遮住的作品,看到画面的中央,圣父正从熟睡的亚当的肋骨中取出夏娃。穹顶的一半是饱满的黄、绿、粉红和蓝色,还有像阳光般发亮的皮肤颜色。

人类描绘造物主和他的造物

"为什么您向我们介绍的是作为画家的米开朗琪罗?我一直以为,他是最伟大的雕塑家。我想到了佛罗伦萨的大卫像,还有在美第奇墓地的塑像、摩西像,当然也有怀抱死去的基督的圣母塑像!"

"你知道得还真多,罗曼。我向你们展示正在西斯廷教堂作湿壁画的米开朗琪罗,正是为了兑现一个诺言……"

"啊?"贝蕾妮克放开罗曼的手,"我想起来了!你在谈到旧石器时代的动物壁画时曾提过,人们也可称那些洞穴为石器时代的西斯廷教堂。"

"正是如此,这就是我们到这里的原因。旧石器时代的人们在洞壁上刻画他们的猎物,涂上颜色,以此来召唤公牛、野马和鹿群。"

"您的意思是,他们或许是在画他们的神?"

"或者是在感谢他们的神,贝蕾妮克。两万年之后的今天,人们在这个有如洞穴墙壁的穹顶上画上他们的新神——他们唯一的神,描绘造物主和他的造物。"

"两者都是一种咒语!"

"你也可称之为祈祷,罗曼。两者的一致性显而易见,除了画技上有所提高外,没有什么根本的区别。这难道不会使人自问——随着时光的流逝,人的本性和他对宗教的渴望真的能有所改变吗?"

"如果我理解得不错的话,您是想暗示我们,自石器时代以来人类本身没有什么变化。"

"是的,罗曼,而且我认为这正是现代人类的窘境。"斯特凡插嘴道,"人类虽然掌握了最不同寻常的技能,制造了最令人难以置信的辅助工具,似乎无所不能,甚至可以任意摧毁地球,但人的本性却没有跟上这种快速发展的步伐。至今没有另一个物种具有毁坏全球环境的能力。所以人类应该尽快意识到,我们只是自然的一部分。"

贝蕾妮克和罗曼默默不语,表示赞同。

"在走之前,我还想让你们看一样东西。"塞内克斯最后说道,"看那边……"

天堂的写照

在教堂的一角,脚手架下方的一大堆颜料桶中间立着一个放在高脚凳上的木制模型,这是一个庞大坚实的建筑物穹顶的展示模型。

"这将成为米开朗琪罗最后一项巨大的工程,可惜他在有生之年并没有完成。米开朗琪罗接到建造彼得大教堂的任务时已年过八十,他是那个时代一系列伟大建筑师中的最后一位,而且他拒领任何酬劳。这个模型是按比例缩小的教堂穹顶,它比后来实际建造的穹顶要圆,更像一个球体。继米开朗琪罗之后的设计师德拉·波尔塔将教堂穹顶拉高了一点,但并没有损害它的整体效果。"

"这个彼得大教堂令人想起罗马的万神殿。"

"它当然是仿照万神殿建造的,贝蕾妮克,但米开朗琪罗所做的远远超出了这点。"

"当时是如何将建筑材料运上去的呢?"

"人们搭建了八个通向穹顶的斜坡,然后用毛驴将材料拉到上面。仅此一项草图设计就使米开朗琪罗花费了数月的时间,但这几个月的时间与为了这项工程所经历的十一年的苦思冥想、十一年的希望和绝望相比,又算得了什么呢?他追求完美的和谐和流畅的线条,追求轻巧简约的建筑形式——最后还要靠这些托起教堂的巨大穹顶。他要给后世留下一件绝无仅有的艺术珍品,于是,他的工作变成了与时间的赛跑。他完成这项设计时,已八十有五,这在现在也称得上耄耋之年了。"

"提香活到了九十岁!"[①]

"你说得没错,罗曼,但这些都是罕见的例外。在米开朗琪

---

① 提香出生时间不能确定,一说1488年,一说1490年,去世于1576年。原文可能不准确。

罗生活的年代，谁也无法预料到建造大教堂的穹顶和那些窗户、圆柱以及墙壁上端的雕饰花纹需要多少时间。"塞内克斯接着说道，"有可能需要十年或更长，这样米开朗琪罗就得活到一百岁才行。但他很清楚地知道，自己深受肾绞痛、晕眩症、神经衰弱以及其他病痛折磨，经常不得不缠绵病榻，这样的身体是不可能支撑那么长时间的。虽然如此，他也没有倒下，他要建造出一个穹顶——不仅是教堂外表的装饰，更是一件将雕塑和建筑融为一体的艺术品。这个穹顶将成为天堂的写照，成为无数生灵头顶上那个浩大无边的苍穹的写照。"

"我一直很喜欢这座大教堂的穹顶，头一回来罗马（那时我们坐着汽车由阿西西过来）就一眼看到这个银光闪闪的圆顶。"

他们再次注视着那个仰卧在脚手架上的老人，他正以痛苦不堪的姿势创造着人类历史上最伟大的艺术品。

"我们把一切都看成理所应当的，"罗曼说道，"可面对这些历史的丰碑，我们多谦虚也不过分。"

这个世纪，这些科学

他们回到圣彼得大教堂前的广场上，这里一片繁忙。水泥匠们敲打着石灰砖，工人们大声传呼着各项指令，有的在哼歌，有的在搅拌砂浆，有的正用小车推送沙子。毛驴和骡子跺脚嘶鸣，鞭声响彻长空。

"我们已经谈到许多艺术家，"他们在阳光下坐下来野餐时，罗曼说，"可文艺复兴也是一个有许多重大发明的时期啊！"

"是的，"塞内克斯回答道，"正如人文学家乌尔里希·冯·胡腾所赞颂的：'啊，这个世纪，这些科学——生命是一种乐趣。我不愿袖手旁观。'很多人都有同感。当时人们不仅在科学领域做出重大发明，还占领了新的空间。"

"您说的是什么意思？"贝蕾妮克将她长长的秀发拢到后面，面朝太阳。

"其实现在我本该与你们骑马到波罗的海，横穿意大利和德国，直到烟雾弥漫的波兰。但我们今天还要漫游地中海，所以我建议放弃这个打算，那里也没有什么可看的。我现在要谈一位仅仅依靠中世纪制造的天文仪器（如地球仪、天体仪、直角器标杆、星盘、四分仪、表、指南针），就企图推翻自古以来的宇宙观的人。那时望远镜还没有出现，但他却以这些简陋的、甚至很不精确的仪器震撼了世界。你们肯定知道我说的是谁。"

哥白尼革命

太阳是静止不动的

"尼古拉·哥白尼 1473 年出生于魏瑟尔附近的托伦城,他可能是一个德国商人的儿子。1495 年他在东普鲁士的弗龙堡成为教堂主管。我们虽身处意大利,却也能顺理成章地谈论他,因为他曾在博洛尼亚学习过数学、物理和天文学。"

"那时东普鲁士还是一块不毛之地,从那里徒步到意大利可不容易!"

"当然了,斯特凡,这需要有勇气、进取心,还要有冒险精神。那时意大利的大学名气最大。这里的一位教师向当时仍很年轻的哥白尼传授了古希腊天文学家的理论:地球不是宇宙的中心,也不是静止不动的。这位教师还批评了一直占主导地位的托勒密宇宙体系(该体系认为地球是宇宙的中心,太阳和其他星体都围绕地球旋转)。如果不是来自亚历山大的克劳迪亚斯·托勒密在公元二世纪提出了极具权威性的地球中心说，令人不敢驳斥，太阳中心说或许早就已经成立了。尽管如此，地球围绕着静止不动的太阳旋转这个假设并没有完全被人忘记，中世纪的许多学者都曾尝试对这种假设加以思考。莱奥纳多·达·芬奇也曾写道：'太阳是静止不动的……正如地球既非太阳系的中心也非宇宙的中心。'德国哲学家和神学家尼古拉·冯·库斯于1440年就指出，宇宙乃是一个无穷无尽的整体，地球不可能是它的中心，因为一个无穷无尽的空间没有中心可言。这是一个颇具革命性的思想，但教会却容忍了它。与他同名的尼古拉·哥白尼认为太阳中心说更为可信，1500年前后他抱着这一信念来到罗马，并在第一堂课上就提出了这一可能性。"

"对此教会一定进行了激烈的反对吧？"

"一开始没有，罗曼。还没有人注意到哥白尼的观点，后来的教士们也显得出人意料地开明。我们还是再说说年轻的哥白尼吧。他在费拉拉获得了教会授予的博士学位，或许还有医学博士学位，反正他回到家乡后曾当过一阵子医生。在那里，他继续进行天文学的研究，并得出了一个划时代的结论：所有的星体都是围绕太阳旋转的，在天空可以看得见的星体运动并非缘于天空的移动，而是来自地球的自转——地球每天自转一周，而天空和天体是静止不动的。也就是说，我们所看到的太阳的运转并非来自它本身，而是因为地球的自转，因为我们在跟着地球围绕太阳运转，就跟其他星球一样。这样他就将地球从宇宙的中心抛出去了。他用诗一般的语言描绘了这个发现：'万物之中闪耀的是光芒四射的太阳，难怪有人赞美她为宇宙的明灯，有人称她为宇宙的灵魂，还有人说她是宇宙的舵手……即便有人想将这盏美妙的宇宙明灯移往他处，太阳仍将稳坐她的宝座，统治着周围的星球，照亮星星们寻找她的道路。'"

"他竟然没有因此被送上火刑堆，真令我吃惊。"

这个傻子想要推翻整个天文学理论

"人们没有马上认识到这个论点的影响力，斯特凡。哥白尼很聪明，只是将自己的观点作为一个假设、一种可能性提出来，直到他即将离开人世时才被一个大受鼓舞的学生说服，发表了自己的论述，那时他差不多有七十岁了。教皇利奥十世刚听到哥白尼的理论时还表示了一定的兴趣，并派人请哥白尼对他的理论做一个演示。短时间内，他的论点在教皇的宫廷里赢得了不少支持者。一些有学问的贵族甚至建议哥白尼公开出版他的研究成果。可见哥白尼的学说并不是一开始就违背了教会的意志的，没有教会，他的理论也许会永远被埋没。路德曾反对过这种理论，写道：'有这么一个新派的天文学家，他试图证明，不断移动和运转着的不是天空、太阳和月亮，而是地球。这个傻子想要推翻整个天文学理论。但正如《圣经》所言，耶和华曾指令太阳静止，而不是地球。'瑞士宗教改革家加尔文也加入了反对哥白尼理论的行列。对此我们当然不必大惊小怪，人们的确需要一段时间才能接受哥白尼的理论。"

"路德的这种反应是可以理解的，"斯特凡说道，"哥白尼的理论不但要人相信地球在不停地自转，还要人承认地球以极快的速度在宇宙中旋转。"

"只有当伽利略、开普勒和牛顿对这个并不特别新颖的论点进行更精确的解释，望远镜使更清楚地观察天空成为可能之后，这个论点才开始被人接受。起初天主教会采取了观望的态度，因为一切不过是假设。直到那个因传播异端邪说而被送上火刑堆的焦尔达诺·布鲁诺声言这个论述是真理时，教会才意识到它的严重后果，因此宗教裁判所采取了非常强硬的措施加以阻挠。1616年哥白尼的书籍被查禁。后来教会允许出版一个主要论点被审查删减的版本，直到十九世纪初教会才完全取消了对这本书的禁阅令——那时已经没有一个有头脑的人还会遵守这项禁令了。"

"那么这件事对教会的影响呢，您能谈谈吗？"

"我很乐意，贝蕾妮克。"塞内克斯答道。

某个星球上无足轻重的一分子

"地球中心说符合教会的教义，而且与《圣经》的内容完全一致。现在，人们突然被从这个舒适的安乐乡里抛到一个陌生的、无边无际的宇宙中，他们找不到自己的位置了。什么是上，什么是下？天堂在哪里，地狱又在何方？"

"哥白尼使用过'无边无际'这个概念吗？"

"没有,斯特凡,但在有头脑的人的心中这个概念已逐渐形成。人类突然发现自己只不过是某个星球上无足轻重的一分子。"

"就是说,他们不得不自问,作为一个如此伟大的宇宙的创造者,上帝是否真的会将自己的儿子派到这样一个微不足道的星球上,并为人类牺牲自己?"

"这是一个合乎逻辑的推论。这个把太阳作为中心的新理论使人们大感不安。上帝真的是按自己的模样塑造了我们吗?他是人类的父亲吗?我们真的是受他宠爱的孩子吗?歌德后来写道:'人类刚刚认识到地球是圆的,并且独立而完整,就要马上放弃他们作为宇宙中心的特权,也许人类还从来没有面临过比这更大的挑战,因为一切都将化为泡影:人间天堂、无邪的世界,还有文学、艺术和虔诚的敬仰,感官的见证及对信仰的坚定信念。怪不得人们要竭尽全力反对太阳中心说,因为这种学说要求接受它的人必须达到一种前所未有,甚至是意想不到的自由而伟大的思想境界。'实际上哥白尼的理论对人类产生的影响比跟它几乎同时开始的宗教改革更深远,因为宗教改革只是使信徒摆脱了罗马的教会,而非上帝,哥白尼的理论则使人对上帝本身提出了质疑。"

"您是说,天主教和新教之间的教义争斗无关紧要?"

"是这样,罗曼,当哥白尼将地球及其居民放到一个更谦卑的位置上时,他也将人的精神提高到了一个新的高度。哥白尼理论体系超越了宗教改革,直接推动了启蒙运动。"

"但是,不管是过去还是现在,能从新知识中获益的都只是少数人,大众仍然相信传统知识,甘受旧习的束缚。"

"民众需要宗教，斯特凡。"罗曼解释道。

"每个人都有寻求内心平静和安全的需要。"贝蕾妮克补充道。

"哥白尼，这个或许能够称得上那个世纪最富独创性的人，通过实证和灵感得出了一个影响重大的结论。他一定清楚地知道自己为什么不能通过相应的观察来证实假设。"塞内克斯说道。

"在那个时代，科学家还是像以前那样怕被打成异端吗？"

"是的，斯特凡，为了避免这个危险（如果他们聪明的话），得把即使已得到确证的论点当成假设提出来。另一方面，中世纪和文艺复兴时期的学者还很少想到把科学知识运用到实际当中去。"

"也许我们今天应该再回到这里，"罗曼提出了他的看法，"不能再无所顾忌地运用所有科学知识——这对人类还真是个新的要求。我们需要科学研究和科学知识，但不能再不惜一切代价地去应用它。"

"然而，认为科学以应用为本、随时准备将理论付诸实践的观点，正是西方文明与其他文化最根本的区别，它推动了一场史无前例的技术革命。只有这样，世界才由昨天变成了今天。"

"但我们不得不慎重思考这到底是不是件幸事。"贝蕾妮克沉思着说道。

天上地下伟大的发现

一艘有三根桅杆的帆船

塞内克斯站了起来:"我曾答应过带你们进行一次探索新世界的旅行。我们先骑马到安齐奥。原本应先到热那亚的,那里才是我们所谈论的这个人的出生地,我们今天就要体验他的征程了。但我们还是走近路吧。虽然安齐奥不算是港口城市,但对那艘小船来说,它的堤道足够用了。"

"一艘什么船?"

"一艘三桅帆船,贝蕾妮克,它将带着我们越过地中海到达西班牙。"

没走几步,他们就回到了拴马的地方。他们骑马穿过梵蒂冈的城墙和罗马的南城,出了城,只走一小段路就到了安齐奥。这个小地方没有什么特别值得留意的。很快他们便骑马穿过了窄小的街道,到达了海边。一艘褐色的三桅帆船正停靠在码头旁。

"这就是'圣马利亚号'，"塞内克斯不无骄傲地介绍道，"它也许是世界上最著名的帆船。"

正在酒桶上掷骰子玩的仆佣跳了起来，牵走了他们的马。他们踩着一条窄木板上船了。

船上涂满焦油的麻缆绳被收了起来，绞盘转动起锚，三张正方形的风帆随之升了上去。浅色亚麻质地的帆盛满了风，印在上面的大红十字迎风招展，威风凛凛。舵手将船头迎着正在下沉的太阳转向西方。船儿轻轻地摇摆着向前驶去。

"这是指南针……"塞内克斯指着一件小小的仪器说道，"它同许多有用的发明一样，是由中国传入地中海的。它们大多是在阿马尔菲①制造的，十二世纪开始应用于地中海地区。在此之前，海员通过海岸特征、海鸟的飞行或者星星确认航向。就连哥伦布也只有几件非常简单的仪器，比如这个指南针。"

"旁边是一盏灯吗？"

"是的，贝蕾妮克，它夜里可以照亮指南针。人们用威尼斯制作的沙漏来计算时间，用铅锤来测量水深。除此之外，哥伦布还使用四分仪观察北极星的方位，以此确定自己所在的经度。"

"就靠这些东西了？"

"基本上是这样，实际上海员们只认得航海图和帆船航行的指示标志，他们在地中海、黑海或西欧沿岸沿着熟悉的商贸航线航行，有这些就够了。另外他们还有一些简单的仪器，如尺子、

---

① 意大利的一个市镇。

圆规、指南针和铅垂线，可以标出足够精确的航线，在航海图上确定方位。还是让我向你们介绍一下'圣马利亚号'的情况吧，人们称它为三桅帆船，其实它更像正规的航船。在哥伦布为他的第一次（也是最重要的一次）航行所带的三艘帆船中，这艘船是最大的。船壁较高，全部涂成黑色，只有船盖板是红色的，整艘船只有一层涂满桐油的上甲板……"

"这船真的不怎么宽，我甚至觉得它很小，像只渔船！"

"是的，罗曼，不过在当时这已经是一艘了不起的船了。"

"到底什么是三桅帆船呢？"

航海家时代

"三桅帆船是一种灵巧快捷的帆船，适合离海岸线近的航行，不太适合漂洋过海。这种船的船身轻巧而狭长，只有一层甲板，船尾有一间舱房。船上装满了缆绳、帆、卷筒、水泵及各种小的镇舱桶。在罗马帝国衰败了近一千年之后，人们还是按照罗马人的设计来建造大船（至少就船体而言是这样）。一般来说，船首没有什么设施，船尾高高翘起，上面有一个望台。哥伦布的舱房就在这里。"

塞内克斯打开一扇小门，里面是一个低矮得像笼子一样的房间，光线透过三个小窗户射进来。这间舱房的摆设十分简陋，只有一张床——床的前面挂着卷成华盖状的帘子，一口箱子，一张桌子和一个保险箱。

"这里面是航海图和导航资料,"塞内克斯解释道,"在这间舱房下面有一个最多只能容纳两位军官的窄小房间。"

"我们现在去哪儿?"

"我们坐船去巴塞罗那,贝蕾妮克。哥伦布将在那里向西班牙国王夫妇费尔南多和伊莎贝尔做有关第一次远航的汇报。你们将亲身经历这件事。但我们首先要完成从意大利到西班牙的航行,在中世纪,这段航程需要数周甚至两个月的时间,而我们现在只需要一小会儿,这段时间刚好够我向你们做一些简短的介绍。如果你们愿意的话,就坐到主桅杆下方绳梯旁的工具箱上吧。"

贝蕾妮克回头看了一眼,意大利的海岸已经变小了。拴在船后缆绳上的那艘粗笨的船载小艇在海浪中起舞。他们随塞内克斯走过去,一一坐下,凝神倾听海风的呼叫、海浪的歌唱和潺潺的流水声,他们还清晰地感受到"圣马利亚号"在波浪中很有节奏地摇晃着。

"在哥伦布之前不是也有过别的发现者吗?"

"是的,罗曼。有几个非常重要的,但是我这里只提一下航海家恩里克和达·伽马。哥伦布时代是一个伟大的航海家时代,出现了从迪亚斯到麦哲伦和卡伯特等众多杰出的航海家。但是我们现在只谈克里斯托弗·哥伦布,因为他所进行的四次航海是最重要的。他是全欧洲第一个……"

"我想,在他们以前不是还有诺曼人吗?"

"你说得对,斯特凡。诺曼人是最早横渡大西洋的人,而且要比哥伦布早几个世纪,他们是从格陵兰岛出发的,但是他们的航海对整个人类的发展并没有产生什么影响。然而哥伦布第一次横渡大西洋就从根本上改变了世界的版图。哥伦布发现了一个尚不为欧洲人所知的新世界,一块有待考察的新大陆。这个新世界由此获得了空前的发展。除了其政治和经济意义外,新大陆的发现对人类精神领域的影响也是不能忽视的。基督教占领了两个大洲。罗马天主教会在宗教改革中失掉了欧洲,却在新大陆赢得了更多的信徒。在南美洲,西班牙语和葡萄牙语还成了国语,不仅如此,那块土地上还产生了一种新的、独立而完整的文化。"

"对此我本来有许多话要说的,"斯特凡小声说,"但我看最好还是别讲了。"

一个陌生的童话国度

"在讨论哥伦布航海的作用和影响之前,我想先了解一下当时的各种条件和航海行动本身。"贝蕾妮克把腿蜷起顶在胸前,双手绕膝合拢,下巴枕在上面。长长的金发散披在前面,她歪着头,透过头发的缝隙看着塞内克斯。

塞内克斯回答说:"很抱歉,我不得不把谈话的内容限制在航海的必要性上。很久以来,地中海沿岸的国家就与印度甚至中国有贸易往来,而且已经知道了日本的存在。这些贸易曾给许多城市带来财富,比如热那亚的商人就通过俄罗斯的毛皮、中国的丝绸、波斯的宝石、印度或东南亚岛屿上的香料赚了不少钱。这些商品由马匹或骆驼驮着，穿过很难通行的原始荒野和沙漠，被运送到黑海附近的商品转运中心或君士坦丁堡。货物在那里卸下后，再装船运往意大利。运输很少使用通往印度的海路，大部分是走丝绸之路一样的陆路。从成吉思汗开始，鞑靼人的头领就接受了这样的通行，甚至愿意提供帮助。但是，1453年，在哥伦布两岁时，君士坦丁堡被土耳其人占领了。土耳其人控制了黑海沿岸所有商品交易站以及通往远东的陆路，他们还封锁了地中海东部，不准任何基督教商船通行。从此，地中海沿岸地区的经济大为萧条，哥伦布的出生地热那亚也濒临崩溃。"

"于是人们开始寻找通往印度和中国的新道路，从马可·波罗的游记中认识中国。"

"马可·波罗不是唯一一个描述过这个遥远陌生的童话般国度的人，罗曼。但他的讲述是最全面、最有启发性的，读者也最多，他的书籍常常被人模仿。早在1494年就有一位学者写道：'这个国家是一个完全不同的世界，它是如此遥远，它的文明和宗教又是如此匮乏。'"

"又是这种只承认基督教的傲慢态度。"斯特凡嘟囔了一句。

"在认真考虑寻找通向印度的海路时，人们意识到，马可·波罗不失为一个可靠的消息提供者，虽然我们今天认为马可·波罗不大可能亲自到过中国。哥伦布也读过这本盛赞中国的富庶、推断日本在中国以东一千五百海里[①]的《马可·波罗游记》。哥伦布在其他的旅行报告里也留下了无数的注释。他计算出，从欧洲的西海岸到东亚诸岛大约有五千海里。"

一块辽阔而陌生的土地

"我常听说，人们嘲笑哥伦布，因为他声称地球是圆的！"

"事实并非如此，贝蕾妮克。地球是个球体在当时已是无可争辩的事实，至少对那些有学问的人来说是如此。但人们对地球的了解还很不够，以为地中海就是地球的中心，地中海也由此而得名。每一个希腊水手都有这种经验：在驶出最后一道熟悉的海岸线时，大海就无边无际地伸展开来——空荡荡的想象，死一般的荒凉，危险的虚无。即便如此，哥伦布仍认为，只要有足够的勇气，从欧洲一直向西航行就能到达亚洲的东岸，哥伦布的这一断言虽然乍听起来有些矛盾，却并不荒唐。哥伦布没有马上得到支持，部分是由于政治，部分由于经济——当时的西班牙国王将所有的财力都投入把摩尔人赶出安达卢西亚的战事中，直至他们占领了格拉纳达后，才开始对其他事情感兴趣。"

"大家都想到印度去吗？"

"印第安人的名称就是由此而来的，罗曼。哥伦布以为，只

[①] 1海里约为1.85千米。

要向西航行，就一定能到达充满传奇的中国和日本。他绝没有想到，在欧洲和他的目的地之间还有这样一块辽阔而陌生的土地。"

"那就是今天的美洲。"

"是的，贝蕾妮克，因为诺曼人的描述早已被人遗忘了。哥伦布偶然到达了葡萄牙。他所乘坐的由热那亚到英格兰的船因遭海盗袭击沉没了。他逃到了里斯本，娶了一个年轻的葡萄牙姑娘，以制作地图和售书为生。他准备从海上航行去印度，不是绕过非洲取道印度洋，而是从地中海出发，一直向西航行。在这种情况下，他的计划没有得到皇家航海委员会的支持是非常好理解的，专家们怎么可能将这样一项大胆的计划、好几条船和船员交给一个毫无经验的水手呢？哥伦布却对此十分着迷。他到了西班牙，在经历了多次失败后，终于幸运地找到了有影响力的支持者，国王夫妇为他的第一次航行拨了一笔可观的经费，并在哥伦布的强烈要求下任命他为海军元帅，批准他担任未来所发现的岛屿和陆地的总督。"

"我想，这也充分体现了人们心中满是不可抑制的想象力。"斯特凡说道，"他们因为知道的太少，所以相信的更多。"

"哥伦布无法料到自己的前方会有这么大一片陌生的土地，它将改变他前往亚洲的行程。没有人能预知这件事。那时的人们还在一片迷茫中摸索地球的状况。哥伦布虽然估计会遇到几个岛屿，但只是岛屿而已。他向西方寻找亚洲的海岸，没有人会想得更多了。"

"后来怎么样了呢？"贝蕾妮克问道。

"三个月后,哥伦布招募齐船员,备好船只,其中包括五十吨的'皮塔号'、四吨的'妮娜号'及我们现在乘坐的一百吨的'圣马利亚号'。"

"为这样一次前往未知国度的冒险招募人马肯定不容易吧?"

"令人惊奇的是,哥伦布没怎么费劲就找到了一个经验丰富的海员做他的副统帅,可招募水手却难多了。这点你说得对,贝蕾妮克。因为对一般的水手来说,大西洋简直是不可征服的,只有疯子才想去横渡大西洋。但最终他还是聚集了一批野心勃勃、想出人头地的男人。"

"他们当然还需要大量的给养、食品和各种设备!谁也无法预料航程会有多长——如果真能返回的话。我承认,我很佩服这些人的勇气,要知道,那些飞往月球的美国宇航员对他们即将面临的情况知道的可要多得多。"

"你说得对,罗曼,宇航员不仅拥有非常丰富的知识,而且还掌握着高超的技术,但哥伦布和他的下属什么都没有。当然他们带上了普通的海员食品——腌肉和咸鱼,因为当时没有其他储存食物的方法。风平浪静的时候他们可以钓鲜鱼吃,代替面包的是特制的耐贮饼干。甲板下是装满了面粉、奶酪、洋葱、大蒜、豆角和干豌豆的大桶。"

"那喝的呢?"

"他们带了成桶的水,但水很快就发浑了,所以他们还带了大量的葡萄酒。当然船上还有厨具、大铁锅及凹形的装满了沙子的槽,这种槽是用来生炭火的,到晚上火必须灭掉。与哥伦布同行的有大约九十名水手和两位文书,其中四十人在'圣马利亚号'上,另外五十人在其他两条船上。每条船都有自己的船医、军官和厨师。"

"船上不都是些普通的水手吗?"

"当然,贝蕾妮克,另外还有许多船童,除此之外还有手工匠、木匠、一个专门负责用柏油加密船板的工匠和一个管酒窖的。"

"他们的梦想是什么呢?"

"是财富,贝蕾妮克,是取之不尽的宝藏和伟大的奇迹。同时他们也深怀恐惧,这是一种在孤寂的大洋上,被无边无际的、灰色的浩瀚水域包围时所产生的赤裸裸的恐惧。这片水域只有在傍晚的时候,在西方——他们想去的那个地方——才变成火红的。"

"这次航行的过程是怎样的?"斯特凡问道。

"你们当然理解,就算这次航行很精彩,我也不可能把所有细节都描述一遍。他们首先穿过了加那利群岛……等一等,我有一个更好的主意——哥伦布将一切都写在了航海日志里,这本日志被保存下来了,其中记录的可能不完全真实,但非常生动,某些段落还充满了诗情画意,我打算从中选一片段念给你们听,我们还有些时间才到巴塞罗那。"

1492 年 5 月 12 日

塞内克斯从外衣口袋里掏出一本灰色小书,说道:"哥伦布开头写了一大串当时流行的对王侯的敬语，我将这些内容简化一下。"接着念道，"'致所有基督教最高贵的、最强大的王侯，西班牙领土及海外诸岛的国王和王后，我们的主宰。在今年——1492年，陛下们在格拉纳达城结束了对摩尔人的战争。1月2日，我目睹了王家骑兵队占领了阿尔罕布拉，摩尔人的国王不得不离开王宫，去亲吻陛下——我的主人的双手。在我向陛下们做了关于印度的报告之后，陛下们，作为天主教徒，作为神圣的基督教信仰的朋友和传播者，作为穆罕默德教派及其他教派的敌人……经过严肃考虑决定派遣我，克里斯托弗·哥伦布，到上述的印度诸国，去考察那里的王侯、民众和土地，衡量他们归顺我们神圣信仰的可能性。我的这项任务，不是沿通常人们所走的陆路，而是一直向西去探索遥远的东方，这是一条至今为止还没有人走过的路。'"

"总丢不开这种传教的狂热，"斯特凡嘟囔道，"应该让这些所谓的'野人'信其所信嘛！"

"我们还会谈到这一点的，"塞内克斯回答道，"请等一下，斯特凡。我开始念报告的正文了：'我于1492年5月12日（这是一个星期六）离开格拉纳达，驶向海港城市帕罗斯，在那里我准备了三艘很适合这趟航行的船。同年8月3日，星期五，我装满食品，带上船员们，在日出前半小时离开了这个港口，驶向加那利群岛。'"

在孤寂的大洋上

塞内克斯停了下来,他抬起了头:"在戈梅拉①岛上,哥伦布换了一张帆,并补足了给养。他本人没有对首次深入大西洋的航行进行描述,但他的儿子、同行者费尔南多对之进行了描述和报告。自从他们离开了耶罗(加那利群岛中最西方的岛屿),最后一片陆地从视线中消失后:'许多人深怀恐惧。几个年轻人——他们还是孩子——脸都吓白了。现在他们漂在无边无际、空空荡荡的大洋之上,身后别无他物,前方除了在日落时染成紫红地毯般的大海之外,就只有水、大洋,还有天上的几片薄云和他们不熟悉的信风的前奏。'接下来就是哥伦布自己写的:'星期天,9月16日。——一直向西,我们又前进了一百五十六海里……'"

塞内克斯注视着同伴们,说道:"哥伦布有意说了一个比实际更短的航行时间,一方面是担心水手因为深入大海太远、无法返回而不安,另一方面是因为他高估了前进的速度,但他的陈述基本是准确的。"

塞内克斯接着念道:"'天空乌云密集,开始下雨了。从这一天起,我们一直处于温暖的气候之中,能享受每一个美妙的清晨,除了夜莺的歌声,这种神奇的生活别无所缺。'"

"听起来真是充满诗意。"罗曼说道。

"'此时真像安达卢西亚明朗的四月天。我们也正是在这里头

---

① 加那利群岛的一个岛屿。

一回见到了一大片刚从土里冒出来的嫩草，大家一致认为，我们一定是在某个小岛附近；在我看来，大陆还远在前方。——星期一，9月17日——清晨，我们见到了更多的青草，它们可能是从一条河里流出来的，其中有一只活螃蟹，我认为，陆地就在附近，因为在离海岸超过一百二十海里的地方绝不可能看到螃蟹。我们还发现……天气变得越来越暖和，大家心情愉快，三只船比赛，看谁先发现大陆。我们看到了许多金枪鱼，"妮娜号"的船员还抓到了一条。——星期三，9月19日——因为大部分时间无风，我们昼夜航行才走了一百海里……大约早上十点一只鹈鹕落到了"圣马利亚号"上，晚上又落下一只，这种鸟绝不会飞离海岸超过八十海里。还下了几次无风的雨，这些都意味着我们离海岸更近了。——星期五，9月21日——清晨时分，我们见到了很多的从西方漂过来的草，海面被覆盖得密密实实的，就像一片片滞留不动的绿色团块。又有人看到一只鹈鹕。水面像镜子般光滑，如同平静的气流，空气轻柔而暖和。我们还发现了一头鲸，这又意味着陆地就在附近……星期三，10月10日……许多人都在抱怨路途太长，令人难以忍受，我想尽办法使他们振作起来，允诺坚持下去的人将得到奖赏，我还告诫他们争议毫无意义，因为我决心已定，必到印度，我会坚持到底，直到在上帝的帮助下到达目的地。——星期四和星期五，10月11日和12日……我们以时速十二海里前进，直到凌晨两点，走了九十海里。'皮塔号'船速更快，走在前头，上面的船员最早发现了陆地，并发出了事先定好的信号。'"

要征服这些人,用爱比用剑更好

"'第一个发现陆地的船员名叫鲁迪格·达·特里亚纳。不过我晚上十点就在船尾的甲板上看到了火光,光亮闪烁不清,以致我不敢肯定那就是陆地,但我还是叫醒了皮特罗·古特莱兹(国王的膳务总管),告诉他我发现了光,并请他也去看看。他去看了,而且也看到了。全体船员唱了《圣母颂》,然后安静下来。我建议船员到船头仔细观察,时刻留意陆地的出现,并许诺送给第一个发现陆地的人一件丝绸外衣,外加国王夫妇答应的奖赏,即终生赡养金一万马拉威地[①]。早上两点陆地终于露出来了,我们距它还有八海里。我们仅留下一张大帆,收起了其他的。后来停下等待天亮,这天是星期五,我们到达了一座在印第安语中名为"瓜纳哈尼"的岛屿。在那里,我们看到了赤身露体的原住民。我在马丁·阿诺索·皮兹昂和他的兄弟文森特·亚内兹("妮娜号"船长)的陪同下,乘着一艘配备了武器的小船上了岸。我展开了西班牙的旗帜,那两位船长则挥动着两面绣有绿色十字的旗,所有船上都飘着这样的旗,绿十字的左右两边各有一顶绣着 F 和 Y 的王冠。'"

"它们代表着费尔南多和伊莎贝尔?"

"是的,贝蕾妮克。接下来是这个欧洲人对他头一回见到的陌生大陆居民的美好描绘,言语十分友好。哥伦布写道:'目光所

[①] Maravedí,当时西班牙的一种记账单位。

及之处，满是郁郁葱葱的树木，这里水源丰富，盛产各种水果。很快岛上的居民便聚到了一起。我意识到，要去征服这些人，使之皈依我们的神圣信仰，用爱比用剑更好。我想让他们成为我的朋友，我将红帽子、玻璃项链和其他一些不值钱的小玩意儿送给一些人，他们为此兴奋不已。'"

"如果哥伦布的后继者也能这么想、这么做的话，该多好啊！"罗曼说道，这话说到了斯特凡的心坎上。

塞内克斯继续念道："'我们成了好朋友，相处很是愉快。后来他们游到我们的船上，带来鹦鹉、棉线团、长矛和其他东西，作为回赠我们的礼物。他们的给予和索取完全发自内心。在我看来，他们好像什么都缺。他们赤身裸体地走来走去，就像上帝刚造出人时那样，男女都如此，其中还有一个很年轻的女子哩。'"

"虔诚的水手们面对此情此景居然没有瞎掉双眼，真是奇迹。"斯特凡嘟囔着。

"'我见到的人都很年轻，'"塞内克斯继续念道，"'没有一个超过三十岁的。'关于所谓'真正野人'的传说，正是通过这段描写传播开来的，哥伦布确实十分喜爱他们。后来的人们——如法国人让-雅克·卢梭和许多理想主义者都为此心醉神迷。你们听：'他们的身体都发育得很好，体形优美，面部表情讨人喜欢，浓密蓬松的头发像马尾一样，额前的刘海剪得短短的，后面的头发则披在背上，非常长，一看就知道从来没有剪过。总的来说他们体格健康，举止优美。如果上帝允许的话，我将带六个男人回去，将他们献给陛下。'"

"好啦,"塞内克斯一边说,一边把这本灰色的书合起来放回口袋里,"就念到这里吧。航海日志里最重要的部分已经念完了,我也看见了巴塞罗那的房屋和海港,我们准备下船。我还想补充一点的是:哥伦布给这个岛起名为圣萨尔瓦多——'拯救者之岛',并以费尔南多、伊莎贝尔和基督之名占领该岛。他的首次航行很幸运,信风提供了很大的帮助,他们从来没有卷进暴风雨中,也没有人患上坏血病。他的航行(包括到加那利群岛的航程)费时约两个半月,即从八月初至十月中。现在是 1493 年的四月,你们能从清新的空气中感受到春天的气息。我们靠岸了,到前面来吧。"

塞内克斯急匆匆地赶路。他们几乎没有工夫看一眼巴塞罗那港湾里停靠的船只和港口两侧修饰整齐的房屋。也许周围来来往往的行人更有吸引力。他们马上感受到了空气中洋溢着的兴奋。人们载歌载舞,穿着节日的盛装,女人头上披着宽大的面纱,男人则戴着宽沿黑帽,长长的帽带随风摆动。塞内克斯让同伴们拉着手,以免被人群冲散。罗曼和斯特凡高兴地将贝蕾妮克保护在中间,她也微笑着看着他们。

欧洲最负盛名的宫廷

他们走了一小段路,穿过城墙,进到城内。"巴塞罗那当时是西班牙加泰罗尼亚语区的首府。"塞内克斯在人流中对三个年轻人大声说道,"这里住着一位大主教。大约四十年前,也就是1450年,这里建立了第一所大学。巴塞罗那是一个生机勃勃、进步开明的富庶城市。"

他们很快来到哥特区,大教堂的四周是盛装打扮的古老房屋和宫殿。窗外挂着色彩鲜艳的壁毯和哥白林双面织花挂毯。他们经过市政厅,看到修道院旁的大主教府邸。人越来越多。卖鸟的贩子搭起了棚子,待售的小鸟在笼子里唱着歌。

他们来到王宫前的中心广场。王宫所在地原是巴塞罗那伯爵的官邸,正处于旧城的中心,它由灰色的石头建成,朴实无华。除了低矮的墙檐下那简洁却不失灵巧的弧线外,别无装饰。这里聚集了王侯贵族、豪绅巨富、高官显贵和持骑士盾牌的侍从,还有女人、孩子及仆从,个个亮丽光鲜,耀眼夺目。

塞内克斯解释说:"这里就是欧洲最负盛名的,甚至可以说是最富丽堂皇的宫廷,在当时也许可算是最强大的!"

他们来到一个铺着石子路的正方形大院子。在它的一侧,宫墙和一个小教堂之间,人们搭起了一个观礼台。国王夫妇——伊莎贝尔和费尔南多——坐在台前的王位上,旁边是年轻的王子胡安,后边是侍从和全体朝臣。兵器甲胄和织锦花缎在四月的阳光下闪闪发光。

塞内克斯、贝蕾妮克、罗曼和斯特凡在观礼台的侧面坐下。塞内克斯说:"哥伦布马上就到。他第一次远航归来,衣锦还乡,在军官、仆人和六个印第安人的陪同下从塞维利亚经科尔多瓦来到巴塞罗那。他从岛上带来许多东西,你们马上就能看到了。从塞维利亚到巴塞罗那，要横穿西班牙，一路上都是列队而立的人，大家都想看看这盛大的场面。你们看——他来了！"

欢声雷动。人们纷纷将头转向大门口。在一列色彩缤纷的队伍前走过来一个身材高大、衣着华丽的人，他从佩带武器、手执长戟的士兵队伍中间走过，那张还算年轻的脸上表情丰富，肤色很浅但满是雀斑，银灰色的头发闪着亮光。即使站在远处，人们也能看到他那双正凝神注视着国王夫妇的闪亮的蓝眼睛。

塞内克斯小声说："哥伦布快五十岁了！"

当这个航海家进来的时候，除了国王夫妇之外，所有人都起立致意，平时人们只向西班牙大公表达这种敬意。欢呼声和掌声潮水般响成一片，旗帜摇动如山。

皮肤黝黑的漂亮人儿

哥伦布的脸上洋溢着骄傲和自豪，迈步走向王后和国王。他步伐沉着而隆重，却掩饰不住内心的欢乐和胜利的豪情。费尔南多和伊莎贝尔这时也站了起来。

哥伦布走到他们跟前，单腿跪下，亲吻国王夫妇的手。他说："我仁慈的主宰，我已遵照上帝的旨意并在他的保佑下完成了航行。请允许我向您禀报详情。"

接着，有人抬来一张椅子放到王座之间，这在觐见仪式中是很少见的。有人示意哥伦布在国王夫妇和王子之间坐下，对一个来自热那亚的出身低下的人来说,这是一个绝无先例的荣誉。

与此同时,人群中传来一阵更大的欢呼声,锣鼓和军号齐鸣。哥伦布的战利品装在大银盘里抬进门来,特别显眼的是黄金——数不清的金子,整块的、未经加工的拳头般大小的金子。此外还有小面具、小雕塑、小金盘、圆珠、玉米、琥珀、珍珠、棉花、香草、热带水果、珊瑚——那么多东西,看得人眼花缭乱,目不暇接。除此之外,还有装在柳条笼子里的长着黄绿色羽毛的鹦鹉,以及西班牙人从未见过的其他鸟类。

接着进来的是六个被称为印第安人的原住民。人们惊讶地注视着他们,向他们呼喊。这些皮肤黝黑的漂亮人儿半裸着身体,下身用花布遮盖着。但这仍是尴尬的一幕,因为他们戴着链条(虽然是银的),甚至还戴着笼头。他们跪在国王夫妇前,好像在乞求自由,恩准他们返回家乡。

哥伦布试图让人们平静下来。然后哥伦布开始讲话,他讲得很长,因为国王想了解一切。人们向哥伦布提出一大串问题,让他讲解所有他们未曾见过的东西。仆人将银盘高高举起,贵族满怀激动地倾听着哥伦布的讲述,因为他们深知此时此刻有着何等重要的意义。哥伦布沉浸在胜利的喜悦中,像一个和王公贵族平起平坐的人一样,语气中充满自信和说服力。他有时注视着王后,王后的喜悦之情溢于言表,满脸发光。

"我们现在走吧,"塞内克斯向他的三个同伴耳语道,"这个伟大时刻接近尾声了。我们比这些人更了解后来所发生的事情。走吧,今天还有别的计划,那事至少和这件事一样重要……"

发现者的到来意味着天堂的结束

暮色即将降临,阳光变得更加温暖柔和。

巴塞罗那的港口停靠着"圣马利亚号"。他们上了船,船马上起锚开航了。一股平和的风把四边形的帆吹得鼓鼓的,上面的十字几乎与朦胧暮色融为一体。

"这里有折叠躺椅,"塞内克斯说道,"这种椅子在哥伦布的年代当然还没有出现,虽然那时的人们也使用一种带坐垫的折叠椅,可就舒服程度而言,当然是现在的好,再说我们现在是在进化公园,而不是在现实生活中。我们很快就要吃晚饭了,一切都已准备就绪,还有酒,真正的加泰罗尼亚酒。"

塞内克斯带领他们来到船后面的甲板上。瞭望台下四张躺椅围成一圈,中间有一张圆桌,上面摆着简单的饭菜,一盏风灯,一瓶特别涩却很浓郁的红酒。他们的帆船平缓又有节奏地向前驶去。风儿轻轻地唱着歌。"我们现在去意大利,我想利用船上的这段时间跟你们谈谈哥伦布的发现所产生的后果。"塞内克斯又开始讲了,"首先还得先交代一点:哥伦布一共航行了四次。在他第三次航行时,他还一直以为自己到的是印度。他于1498年7月31日停靠在一个小岛旁,他称其为特立尼达岛,并声称找到了'世界上最美丽的一片土地',认定那里就是人间天堂。那时它的确是一片乐土,但是紧随哥伦布而来的淘金者却摧毁了那个伊甸园。"

"也就是说,发现者的到来意味着天堂的结束。"

"是的,罗曼。哥伦布曾很贪婪地寻找过黄金,他也想过把当地人贩到欧洲当奴隶。"

这回轮到贝蕾妮克气愤了:"人真是没有廉耻,为达到自己的目的什么事都做得出来,这点至今毫无改变。"没有人吭声反对。她停了一会儿,然后说道:"对此我们不能沉默,否则我们就无法认识进化公园展示的人类艺术和文化的成就。"

"你说得很对,"斯特凡赞同道,"人是神和魔鬼的混合体。"

"我们不应忘记,人具有双重性,而且这种双重性体现在两个方面。一方面,善良和邪恶的因素以同等程度存在于人的体内;另一方面,人的思考和行动可以既理性又疯狂。"塞内克斯说道。

人类的历史即是残酷的历史

"即使这些伟大的发现开创了新大陆的历史和文化,它们产生的后果也无法使人对未来充满希望。"塞内克斯接着说,"发现者的到来破坏了那些从前我们了解甚少的伟大文化,但新的文化也开始萌芽和发展。"

"无休无止的血腥暴力让一个个种族接连消失,一切都发生在这个象征符号之下。"斯特凡指着上方,那个十字在鼓起的风帆上依稀可见。

"我得承认,你说得对,斯特凡,虽然这只是事情的一方面。

人类的历史几乎总是暴力的。评论这段历史的道德价值不是我的任务，更不用说去谴责和诅咒那时的人了。你们如果认为自己有资格的话，或许可以这么做。事实上，当地的原住民都被征服了，变成了奴隶。在发现了西印度群岛之后不久，对印第安人的集体屠杀就开始了。于是，宗教裁判所特有的傲慢、对怀有其他信仰的人的蔑视和迫害与无耻的贪欲混在一起。甚至还有人狡辩说，《圣经》里没有提到过这些原住民，所以他们不配存在。"

"那时一定也有一些有识之士认识到这种行为是错误的吧！"

"可惜太少了，罗曼。确实有人提出了不同意见，比如巴托洛梅·德·拉斯·卡萨斯，他是一个贵族的儿子，1474年生于塞维利亚，在圣多明各成为神父。他认识到欧洲人对印第安人犯下的滔天罪行，从1514年起就坚持不懈地反对这种暴行。可惜他只是一个例外，而且这也超出我们的话题，因为这个问题远远超出了欧洲的范围。日新月异的造船技术使欧洲与新大陆的定期联系成为可能，加上火器和大炮的发展，尤其是新型的船炮，更使欧洲人……"

"假如贝特霍尔德·施瓦茨能料到这些的话！"

"……占了较大的优势。那个不久后被称'亚美利加'的大陆使欧洲人……"

"'亚美利加'这个名字是从哪里来的？"

"来自一个叫亚美利哥·韦斯普奇的佛罗伦萨商人，他的名字后来成为两个美洲的正式称呼。他受美第奇的委派来到西班牙，并被'探险狂热'影响。后来，受西班牙和葡萄牙的委托，他出航到南美洲沿岸。他深信这不是亚洲，而是一片新大陆。制图员以他为发现者，将他的名字写到地图上，由此流传开来。可我想说的是，探险家们经历的一连串意外和惊奇，对古老的欧洲并不是没有影响的。他们发现了一个生长着不知名植物和动物的新世界，以及一个个罕见而又令人着迷的种族。但非常令人遗憾的是，自哥伦布起他们就已经将新大陆看成自己和西班牙的财富源泉。"

"这就像科幻小说里写的一样，"斯特凡说道，"现在的人们已经想到要到其他的星球上寻找在地球上枯竭的能源。"

"但在外星球上开采能源并不意味着就要涂炭生灵、灭绝物种或毁坏其他文化。"

"这我承认，罗曼，这可是一个区别。"

一个新时代的开端

"那时，"塞内克斯重拾话题，"继哥伦布之后兴起的发现热推动了一场巨大的经济革命，地中海区域失去了统治地位，大西洋登场了。从此，西方人开始将世界当成一个相互联系的整体来看，有的是通过自己的经验，有的则通过报道。现在，欧洲的航海家到达了世界上大多数有人居住的地带，勘测到此前无人知晓的广大地区。我们今天所知道的世界轮廓，就是在那个时候确定下来的。来自美洲的黄金越多，地中海沿岸各国经济地位下滑的速度就越快；与意大利有着密切经济往来的南德城市，如奥格斯堡和纽伦堡，也受到了影响。然而，大西洋沿岸国家却为他们不断增长的人口、为冒险家和罪犯找到了一条出路。正在发展的工业也找到了一个几乎永不饱和的市场，虽然那时的工业还是以手工业为主。西欧从来没有这样繁荣过，欧洲的重心从地中海转向了大西洋沿岸。有航海传统的国家（如葡萄牙、荷兰和英格兰）受益匪浅。欧洲人的厨房也丰富起来，土豆、西红柿、可可及玉米纷纷从美洲传进来，烟草、豆角、菠萝、向日葵、南瓜和黄瓜也渐渐在欧洲的田地里扎下了根——还有火鸡，此前它还是一种不为欧洲人所知的禽类。"

"听起来似乎一切都蛮'不错'的。"

"你总有说的，斯特凡，"贝蕾妮克忍不住冲他说道，当然并无恶意，"老是跟自己较劲！"

塞内克斯转向斯特凡说："你说的有道理，关于新大陆的发现对欧洲乃至整个世界产生的影响，我们目前的估计还远远不够。人们对哥伦布有很多抱怨，指责他虚荣、自负、沽名钓誉和贪婪——为了从新大陆得到的黄金无休无止地讨价还价。这些批评也许不无道理，但无论如何，他索取的以及他实际上得到的比理应属于他的要少得多。美洲的发现归功于他的想象力，而不是那些毫无灵性的技术进步。因此，哥伦布是历史上的一个伟人。"塞内克斯沉默着，略加思索后接着说，"还有一点我们当然应该提到，新大陆的发现也导致了欧洲社会风气的败坏，新移民动辄大打出手的作风不断被效仿，暴力和随意的性行为迅速泛滥。另一方面，与崭新的文化接触也对欧洲的思想产生了长远的影响，人们开始越来越多地对那些宗教的教义提出疑问。由于整个世界都赤裸裸地呈现在人们眼前，看起来一切都有可能。新时代以一种冷静而充满希望的步伐大步前进。在天主教徒和新教徒以残酷的战争相互争斗时，他们宣扬的教义却受到越来越尖锐的质疑。"

"这为启蒙运动铺平了道路。"

"你说得对，斯特凡！"

"至少还有能让我正面评价的事物，"斯特凡说，"我想，所有的发现和思想都是联系在一起的，没有天文学家、数学家，甚至哲学家的帮助，航海家们又会怎样？"

塞内克斯向后一靠，喝了一大口酒，一副打算放松的模样。

啊，我多么渴望太阳的温暖

过了一会儿，塞内克斯说："谈了这么多政治和经济，我想把你们再拉回艺术中来。让我利用这段航程向你们介绍一位德国艺术家吧，他也在这个时期进行了一次旅行。"

"你说的是谁？"

"我说的是阿尔布雷希特·丢勒。为了向威尼斯画家学习，才二十二岁时，他便从家乡到了意大利，他徒步从北部的纽伦堡漫游到南部的威尼斯。"

"这在当时算不上是什么非同寻常的举动吧？"

"尽管如此,斯特凡,这趟旅行在艺术史上却享有特殊的地位。就是在这趟漫游中,欧洲最早的水彩风景画诞生了,这种风景画独属于欧洲艺术。早些时候,丢勒在纽伦堡附近也曾画过风景,他的画精于写实、注重细节,到今天仍是那个时代最宝贵的见证,但那些画与老派的风景画还很类似。丢勒在这次旅行中创作的水彩风景画则完全忠实于自然,他相信自己的眼睛,并为此兴奋不已,这是艺术史上的头一次。丢勒作画不像发明家,而是像编年史作家。他充满欢欣地观察世界,用画笔记录下所看到的一切。对他来说,阿尔卑斯的高山就像新大陆对哥伦布一样陌生。比如他画因斯布鲁克[①]时,成功地运用一种注重气氛的新颖画面,来展示玲珑剔透的城市风光,看上去宛如城市在因河上漂动。他离开阿尔卑斯山区越远,视野就越开阔。他选择那些能激起创作欲望的题材,不是城堡和城市之类的高耸建筑,而是在当时的人看来毫不起眼的、从没有人画过的题材。他以轻松的笔触画菜场上的海产和路边破败的茅舍。他还画过在山里的磨坊边专心画画的风景画家,来向我们分享自己创作时的样子。丢勒是第一位只把自己当成风景画家的艺术家。他不再应教会、贵族或赞助者的委托,而是完全听从自己的创作冲动。更加令人敬佩的是,那时的阿尔卑斯山区还被看作蛮荒之地,只有经过艰险的攀缘才可以翻越它,到达意大利。独自一人徒步旅行是非常有勇气的举动,专门去描绘山区的景色更是如此,因为他画的不是草

[①] 奥地利蒂罗尔州首府。

图，而是一幅幅独立完整的作品。他或许意识到自己可以从中获得在德国不可能得到的经验。他的水彩风景画柔和而透明，几百年之后的画家才再度掌握这种技巧。丢勒第二次旅行之后回到家里，长叹道：'啊，我多么渴望太阳的温暖。'丢勒掀起了一股从北往南迁徙的艺术家潮流，歌德也受其影响。通过这些水彩风景画，丢勒向当时的人展示了威尼斯文艺复兴的光彩和新颖之处。"

塞内克斯沉默了。

把一切推翻的思想和发明

人可以忍受的极限

稍微停顿一下后,塞内克斯接着说:"在我们到达今天的目的地之前,我还想简单地讲讲另一个不应被遗忘的人。他与我们要去见的人有着某种精神上的联系。我指的是那位背叛多明我会的修士焦尔达诺·布鲁诺,在经受长期的囚禁和残酷的刑讯之后,他于1600年2月17日在罗马的天使堡附近的鲜花广场上被公开烧死了。"

"他到底是个哲学家、自然科学家,还是如教会所说的异端?"

"我想,罗曼,他全是。不管怎么说,他是一个典范,他的行为验证了人为了信念可以忍受的极限,甚至是最恐怖的死亡。"

"那么他到底有什么特殊贡献呢?您刚才说过,他是一个修士,而且是个背叛了修会的修士。"

"这里我只能简略地说一下,贝蕾妮克,我们还有很多别的计划。布鲁诺十七岁加入了修会，人们认为这是他一生中最具灾难性的一步，但他二十八岁时纠正了自己的错误，脱下了修服。此后他便开始流浪。他走遍了半个欧洲，直到1592年在威尼斯被捕，并被送交罗马宗教裁判所。"

"可是为什么要抓他呢？"

"很早的时候，他就毫不容情地对教会（特别是修道院）的各种弊端提出了尖刻的批评。他深受文艺复兴精神的激励，做教士时肯定读过哥白尼的著述，并留下了深刻的印象。有人称他为那个时代最重要的自然科学家，是除了伽利略之外的最有名的异端。他的一些认识在今天看来也很现代，比如，他认为，由于受到地球的限制，我们的感官无法记录事实或理解真相，所以感官并非认识宇宙的工具。我们虽然能看到光、颜色和运动，但看不到真相。"

"这不足为怪。因为对于我们的祖先来说，这种超越自身视野的思考于生存并不重要，因此这种意识没有得到相应的发展。"罗曼说道。

"我们还是谈谈焦尔达诺·布鲁诺吧。他认为，人就像镜子一样倒映出周围的一切，也就是说，人看到的一切都与自身有联系。人是万物的镜子，就如万物是人的镜子一样。焦尔达诺·布鲁诺提出了一些引人注目的自然科学论点，有些甚至超越了哥白尼和伽利略，比如地球在两极趋向扁平、关于几颗行星的说法、关于太阳绕轴旋转的论点。他还认识到行星的椭圆形轨道，认为行星的旋转速度取决于与太阳的距离。"

"他为什么会被烧死呢？"

"贝蕾妮克，因为他有勇气将哥白尼的假设与一个新的宇宙观联系起来。他认为宇宙是一个有灵魂、有组织的整体，它在时间和空间上可以无限发展和延伸。宇宙是由无穷多的太阳和无穷多的世界组成的，它是无所不在的上帝的一面无边无际的镜子！"

"这话听起来就像今天的人说的！"

"是的，罗曼。焦尔达诺·布鲁诺认为宇宙是无限循环且永远持续的创造过程，在时空上没有开始，也没有结束。这些论点已经足够惹恼教会了，罗马教廷裁决布鲁诺犯了异端邪说罪，因为布鲁诺否认上帝和世界之间存在绝对的区别，并且声称上帝和宇宙同为一体。不仅如此，他还不把上帝当作一个人来信仰，不相信耶稣是上帝的儿子，不相信耶稣因为被钉死在十字架上而拯救了世界。"

"这可击中了教会的要害！"

"是这样的，斯特凡。他早就拒绝圣母崇拜和其他圣人崇拜。他认为基督教就是一种偶像崇拜教！在他看来，一个人自诩为上帝或上帝的儿子，简直是对上帝的亵渎。一个与他同时代的人曾说，焦尔达诺·布鲁诺认为天主教徒的最大愚昧之一在于宣称面包会变成肉。布鲁诺还反对做弥撒，他认为耶稣是个骗子——精通骗术，所以可以轻而易举地预言别人会绞死他——除此之外布鲁诺还有其他种种抨击教会的言论。"

"怪不得他会受到审判！"

"我们必须知道的是，那时反对宗教的势力完全改变了意大利的思想氛围，教士们决定采取行动。哪怕言行与教义有一点儿偏差，就会被秘密举报，到处都有宗教裁判所的密探。由于焦尔达诺·布鲁诺曾是多明我会的修士，他的处境更为困难，他被送上了罗马宗教裁判所的法庭。审判持续了整整七年。这个不幸的人饱受刑讯的摧残，身体崩溃了——但是，即便如此，他还发人深省地说：'也许判决我罪行的你们，比接受判决的我更为恐惧。'"

"他被烧死了。"贝蕾妮克轻轻说道。

"活活地被烧死了，而且是当着无数看热闹的人公开烧死的。他还说出了令人震惊的话语：'在这样一团美丽的火焰中，在这样一个高贵的套索里，美丽将燃烧我，高贵将窒息我。我一心享受燃烧的火焰和对高贵的屈从。面对高贵的索套，自由逃走了；面对美丽的火焰，坚冰遁去了。这种火是如此奇特，我燃烧，却不被烧毁。'我们知道，从中世纪后期起，有数十万人被宗教裁判所抓了起来，并在它的指使下被处死，没有人知道确切的数字，异端在被烧死前往往被割去舌头。而对焦尔达诺·布鲁诺，他们只须将他的嘴堵住就够了。一个目击者说道，布鲁诺脸色苍白，他因遭受无数次刑讯拷打而大量失血，身体极其虚弱，他的胳膊毫无生息地垂挂在两侧，那是因为他们对他施以磔刑①时将胳膊从关节里拉出来了，这还不够——恐怖的刑具还将他身上不少地方的肉从骨头上刮了下来。"

---

① 古代一种分裂肢体的酷刑。

罗曼摇了摇头。

"后来有人说过一句称颂布鲁诺的话，算是对他所遭受的苦难的一种补偿吧，但是却来迟了，太迟了。西班牙哲学家何塞·奥尔特加·伊·加塞特称赞布鲁诺是一个巨人，一位英雄般伟大的修士，一位精神领域的赫拉克勒斯，他使哥白尼的理论从个体的发现变成了改变世界的工具。"

他们抬起头，若有所思地注视着天上的星星。流水潺潺，风在歌唱，无数水手曾听到过这歌声，并以各自的方式听懂了。天空变得灰白。金星，这颗黑夜之星，闪闪发光。在太阳沉下的西方，大海被染成了红色，然后渐渐变深变暗。他们陷入了一种梦幻般的境界，几乎搞不清楚自己到底是在文艺复兴的末期还是在二十世纪。

中世纪的地方显得有些失真

终于，塞内克斯再度开口了，声音很小："刚才我曾谈到新大陆的发现、相关的研究，以及引起的一系列变化。他们（发现者和研究者）都丰富了哲学家和诗人的想象。"

"就像排列整齐、相互撞击的钟摆。"

"钟摆……"塞内克斯大声说，"罗曼，你的话正好把我们引到了下一个要谈的题目。"

斯特凡举杯啜了一口，然后问道："请告诉我们，现在到底是去哪里？之前您暗示过我们将回到意大利，可意大利很大。"

"1493年4月初，我们从西班牙巴塞罗那的海岸出发。接下来我们将到达意大利的海岸，准确地说是比萨，但那时应是1611年的复活节。我们跳过了一百一十八年的时间——以后还会再谈到这一时期的。小小的时间混乱不可避免，否则我们将会把历史事件和人物扯得支离破碎。不过我还是会尽量依照某种内在的关联和顺序来讲解。有时我也许会搞混，那得请你们原谅我并及时给予纠正。看，我们到了。"

水手收起船帆，船减慢了速度，他们掉转船身，对准码头，慢慢地靠岸了。天已经黑了下来，几乎看不清港口附近的房屋。铁丝小笼里的火苗发着亮光，仆人举着火把等候着，火光照亮了四顶又窄又高的带小窗的轿子，每个轿子旁各有两名轿夫等候着。

他们刚从小跳板跨到堤上，塞内克斯便让他们上轿："我们直接去托斯卡纳大公爵——科西莫二世的宫殿，复活节期间他正好在比萨。"

在火把的带领下，他们一路小跑地穿过城市。这三名年轻的参观者没能看到什么名胜古迹，如大理石的白色大教堂、浸礼堂和圆柱环绕的斜塔。他们不时听到城市中的各种声音，匆匆经过的脚步声、小孩的笑声、叫喊声、女仆的歌声。有一次他们听到从远处传来了钟声。有些墙壁上挂着装在小铁丝笼里的沥青火把，隐隐约约闪烁着的亮光，使这个中世纪的地方显得更加浪漫而失真。

轿夫小跑着穿过一扇大铁门，大门两旁站着身穿制服的男仆，他们手里举着照明的火把。大门后是一片漆黑如夜的草坪。在一座城堡似的别墅大门前轿夫停住脚步，将轿子放了下来。即使在昏暗的灯光下，人们也能看到别墅的墙壁装饰得十分华美。大家都从轿子里钻了出来，塞内克斯一边挎着罗曼，另一边挎着贝蕾妮克，斯特凡独自跟在后边。他们穿过一个富丽堂皇的大厅。大公爵的客人们正悠闲地四处游荡，他们身着华丽的服装，款式各异，质地考究，色泽鲜亮，使人眼花缭乱。

在最大的大厅里塞内克斯停住了脚步，他指着一幅人物衣着特别华贵的肖像说："这是科西莫二世，托斯卡纳大公爵。他是著名的美第奇家族的旁系亲属，与'了不起的洛伦佐'是远亲。你们马上就能看到：他二十出头，刚刚结了婚，通晓多种语言，对哲学、物理和自然科学都很感兴趣。在孩提时代，伽利略当过他的老师，他十分好学。先说这么多吧——我们到露台上去。"

许许多多从未见过的星辰

他们穿过敞开着的玻璃门来到外面，宫殿里有些许微光透出来。"光线不能太亮，否则会影响我们这次观察实验的。"塞内克斯解释道。

男仆将好奇的人挡了回去，只有塞内克斯和他的朋友们顺利地进去了，好像他们是隐形人似的。

露台的白色大理石栏杆前，一群人正围着一台固定在木质三脚架上的仪器。一位年轻人（他就是画像上的大公爵）正弯腰朝一根约有一臂长、直径四厘米的管子里看。

只见他直起身来，对紧靠在他身旁的一位约五十岁的男人说道："真令人难以置信，太奇妙了，伽利略先生。以前我们曾探讨过阿基米德理论，谈到过游泳，讨论过重物在水中的沉浮。现在您已闻名世界，还向我显示了崭新的星空奇迹。这台仪器——您刚才怎么说来着——能放大多少倍？"

在火把的光线下，伽利略那天才的头颅闪耀着光芒，他天庭饱满，嘴角充满骄傲和坚毅，眼睛明澈，目光锐利。"这是历史上最高贵的面孔之一。"塞内克斯喃喃道。

只听伽利略对大公爵说："我改进的望远镜能使被观察的物体显得近了大约三十倍，殿下。这台望远镜能放大约一千倍，是迄今为止我在威尼斯的作坊里造出的最好的望远镜，虽然订单堆积如山，但我还没卖出过一架，给您呈上的是第一架。"

"我相信您，非常感谢。可您是怎样想出这项发明的？"

"功劳本不应归于我。我曾听说，一个荷兰人设计出了一种管子，用它看远处的物体就如同看眼前的物体一样清晰，人们纷纷谈论这项成功的发明，这使我下决心也要制造出一件类似的工具。我从光线折射的原理出发，找到了问题的关键，并且不断地改进——我工作的最新成绩就在您面前，殿下。"

"那用它观察陆地和海洋就更一目了然了！"

"是的，当我在圣马可塔上向威尼斯的贵族介绍我的望远镜时,他们十分惊奇,因为此前还没有人见过类似的东西。远处的岛屿和船只显得如此之近,好像只要伸出手就够得到。我将那台望远镜送给了元老院,第二天就被任命为数学教授。"

"由此您招来了帕多瓦大学的许多妒忌和攻击。"

"这倒是真的,但我并没有气馁。我将注意力转向了天空。肉眼只能看到悬挂着小星星的黑色苍穹,可现在不同了!我们可以看到许许多多从来没见过的星辰。"

"在这次观察实验之后你就写作了《星辰的消息》一书,并寄到佛罗伦萨给我?"

"那是第一本,油墨还未干哩。"伽利略不无骄傲地说。

"现在您亲自向我展示自己对天空的发现,我看见了,并且非常惊讶。我还想请您解释一下这一切是怎么发生的。"

"我在书中首先描绘了月亮的外观,然后是关于银河系和一些不太重要的星辰的观察和研究结果,最后是对恒星和四颗之前未被人看到过的星星的记录——为了表达对您的尊敬,我把这几颗新发现的星星命名为美第奇星。"

"多谢!"公爵高兴地大声说。

围绕木星旋转的卫星

伽利略继续说:"我发现了一个全新的星辰世界,星辰的数目比我们至今所认识的要多十倍。"

"多么令人陶醉的数量啊!"

"一个充满奇迹的世界出现了,"伽利略高声说,"用肉眼永远看不见的星图呈现在我眼前。我在昴宿星团看到了三十六颗星星,而不是此前人们所看到的六颗,那些歌颂过昴宿星团的诗人都弄错了。"紧紧站在公爵身旁的一位上了年纪的妇人开口说道:"那时候的诗人知道得还太少。"她的语调充满傲慢。"她是大公爵夫人,科西莫的母亲,"塞内克斯轻声解释着,"来自洛林的克里斯蒂娜。她对伽利略的天文知识尤其感兴趣,曾让他为自己画过一幅星相算命图,当然它的预言并不准确。"

伽利略接着说道:"还不止这些!在猎户星座的皮带和剑的位置上人们以前只看到过九颗星星,而我却看到了八十颗。我还看到了四颗围绕木星旋转的卫星,就像行星围绕太阳旋转一样……"

"围绕着木星的卫星?"听众中传来一阵惊奇的议论声。"在金星那里我发现了跟月球位相类似的位相,说明这颗行星本身并不会发光,而是从太阳那里接受光亮!土星则被一个巨大的环包围!还有银河系!我们不是还以为它是模糊的一团吗?不是这样的!不,不!它在我眼前显露出的面貌是多得无法想象的星星和星群,它是由上千颗,或许是几百万颗星星组成的一条巨大的带子!"

"真难以置信。"公爵喃喃自语道。

"我也很吃惊,"伽利略解释道,"感谢上帝让我有幸发现了如此伟大的奇迹。看看月球——我们的邻居,它离我们这么近,好像还没有地球直径的长度那么远。"

公爵弯下腰再度通过望远镜观看着:"它的外表看起来并不光滑!这可是全新的发现,在此之前,人们一直认为一切天体都拥有完美的球状外表。可月球上到处都是褶皱——峡谷和山脉,同地球一样。"

"那上面也能生长植物吗?"一位一直没有吭声的女士问道,她的声音听起来像孩子一样清脆。

"这是公爵夫人,马利亚·玛达莲娜,哈布斯堡大公爵卡尔的女儿。"塞内克斯低声说道。

"为什么不能?"伽利略大声说道,"我能想象橘子树在上面生长,也许那里还有被城墙包围着的城市呢。"

"什么?难道我们不是宇宙中唯一的人类吗?"公爵喃喃说道,"伽利略先生,可别让教会听到你的想法!"

"这只是假设,一个玩笑罢了。"伽利略回答道。

"我早已看得眼花缭乱,"公爵说道,"银河系里有上千颗,或许上百万颗星星!"

"或许实际上还要多得多,谁知道呢?"

"是啊,除了上帝之外,谁能知道到底有多少星星呢?"

"无数颗,数不胜数,我们无法看见,也许是因为我的望远镜太差了?但我能想到,那是一个处在完美和谐状态中的永恒天体的苍穹。也许以后的天文学家能描画出一个无边无际、万物生长的宇宙,发现上亿颗星星,它们深深地淹没在时间之中,处在人类无法想象的遥远地方,这些星星像太阳一样存在,或像太阳一样在大爆炸中化为灰烬，撒向宇宙。"

"伽利略，别说了！"

我们应该理解这个伟大的宇宙

"谁又能知道，我们今天描绘的星图是不是就是真实的？"伽利略问道——他更像是在问自己，"真正的星图也许还要浩大得多，广博得多……"

公爵轻声说道："这是一个使人害怕的想法，我情愿将它逐入梦乡，您也应该保持沉默，伽利略先生！"

"我们从托勒密那里学到了许多知识，他曾经说，造物主创造人就是让他去听、去看的。我们应该理解这个伟大的宇宙，去认识它最庄严的部分——天空，还有那令人赞叹的天体运动。"

"但这想法太危险了。"一位上了年纪的看上去像大总管一样的先生说。

"乔瓦尼先生，"伽利略对他说，"请别忘了，我并不是唯一一个观察天空、探索它的奥秘的人。"

"您是在暗示哥白尼的著述吗？"

"不仅仅是他，殿下。当然，我是他理论的追随者。从现在开始，木星和它的卫星为我们展示了整个太阳系的微缩图。金星位相只能通过哥白尼的理论才可以得到解释，这一点将会有越来越多的人理解，因为以前在我们这里只有最高等的修士和僧侣才能研究星体，或许还有几个贵族，现在却不同了！富有的老百姓也可以将他们的目光投向天空……"

"那是因为您给他们提供了工具！"大公爵夫人克里斯蒂娜大声说。

"是的，大家都定做了天文仪器。许多人家里都有星盘、太阳四分仪、圆周、半圆、六分仪、球心角体和天体仪。能够制作这些仪器的手工匠急剧增加，将来还会有更多的金匠、珠宝匠和金属匠，别忘了还有那些磨制镜片的工匠。现在我可以预言，不久就会出现造镜片的行业公会。"

"我们的祖先对探索星空没有兴趣。"科西莫大公爵说。

"伊斯兰教徒就不是这样，"伽利略解释道，"是他们把许多探索天空的工具传给了我们。"

"是通过十字军东征吗？"年轻的公爵夫人马利亚·玛达莲娜问道。

"正是，殿下，"伽利略肯定地说，"通过十字军、朝圣者以及占领西班牙的撒拉逊人和土耳其人。除了仪器和工具外，他们还带来了许多知识。"

"至少这算是那个可怕的年代留下来的一份礼物吧。"科西莫大公爵说，"请告诉我，伽利略先生，您是怎么想到要对亲眼看到的事物进行探究和思考的？您为什么不理所当然地相信一切呢？"

"是我的本性使然，殿下。自孩提时起，我就不会轻易地满足于一个答案。我有过这样的经历。年轻时，有一次我在一座高山上漫游，平常在家乡从远处看这座山的时候，总觉得它看上去光秃秃的，潜藏着危机。但是当我站在山顶上，我看到的只是满山的灌木丛、树木、草和鲜花，相反我的家乡看上去却是那么渺小，只是一个黑乎乎的小点，模糊不清。"

"我明白了，"科西莫公爵说，"您的意思是，眼睛可能会欺骗我们。"

"是的，于是我不再理所当然地接受一切，而是去思考存在的事物和现象。您看，是托勒密将地球推到了世界的中心，指出太阳围绕地球旋转；亚里士多德说行星是挂在相互交错滑动的固定晶状天体上的。但我却认为，天空上不可能有什么固定的天体。在我们之上，直到最遥远的星星，伸展着一个自由开放的空间，所有的天体，包括地球和其他行星，都在这个空间里转动。有一点是确凿无疑的：天体每天的运动只是一个假象，造成这种假象的原因是地球的自转，同时，地球和所有其他行星一样围绕太阳旋转。"

"您描绘了一幅崭新的天体世界图，"科西莫公爵说道，"我们很难理解。在这个广博得难以想象的世界面前，人类是多么渺小！"

"与此同时我们也在成长，"伽利略大声说，他的声音因受到鼓舞而有些微微发颤，"我们已经成长为不断认知的人了！"

"但我要警告您！您将会激起暴风雨般的反对！"

"暴风雨已经来了。"

伽利略的发现驳倒了亚里士多德

"当我向佛罗伦萨的教授介绍木星的卫星时,"这位科学家继续说道,"他们看都不愿看一眼,对我的望远镜也不屑一顾。这些人认为,在自然界不存在真理,真理只能在与文献的比较中寻找。他们害怕看到与前人的论述相矛盾的东西。"

"在您来之前,一些教授就已经和我争论过,他们认为您向我敬献的那些美第奇星体从逻辑上根本不可能存在。"

"博洛尼亚有人专门开设课程批驳《星辰的消息》,教授们拒绝相信我的发现。人们咒骂我、威胁我,说我是心智不健全的疯子。他们指责我破坏信仰,甚至威胁我的生命。我只能往好处想,认为他们如此激烈地反对我的观点,是因为他们还不曾看到殿下您刚才所看到的一切。我觉得,感官的直接经验将最终说服我最激烈的反对者,战胜愚昧、忌妒和恶意。"

"因此我建议您回到佛罗伦萨,我希望我以前的老师能够时时在我身边。"大公爵说,"我任命您为比萨大学首席数学家和大公爵的首席数学家兼哲学家,您不必授课,年薪一千佛罗林[①]。"

"您给了我一处庇护所!我由衷感谢!"伽利略弯下腰,亲吻科西莫公爵的手。

大公爵招手示意他的大总管,后者递给伽利略一个很重的钱箱,并从中取出一条沉甸甸的金项链。项链下端挂着一个圆形雕

---

① 金币名。

饰，在火把的照耀下闪闪发光。"是您的肖像，殿下！"伽利略高兴地呼喊，"您的宽厚仁慈几乎令我惭愧。"

塞内克斯转向他的年轻同伴，小声说道："这条金链价值四百杜卡特①。九月，伽利略独自来到佛罗伦萨，他的伴侣、他孩子的母亲没有陪他同来。——在这里的参观到此结束。我们离开大公爵的宫殿，回住所去。你们可能已经意识到，这次我们下榻的地方是比萨，在那儿我将再跟你们谈一谈处于新旧交替时代的伽利略。他向大公爵揭示的宇宙秘密戏剧性地改变了宇宙的面貌。伽利略的发现驳倒了亚里士多德对一个变化无常、不完美的地球与一个完美、永恒、不可改变的宇宙的区分。星星的数量要比人们至今想象的多得多——这一事实也击败了此前的所有学说。这些发现还证明了哥白尼是正确的。在我看来伽利略是我们称之为自然科学的新学科最重要的创始人之一，他的重要贡献在于，指出了事实不需要与经验相符，而需要与实验相符。"

塞内克斯和他的三个同伴穿过大堂和前厅，又回到宫廷府邸的入口处。仆人已经举着火把在等候他们了，摇曳的光亮在鹅卵石路上留下了相互交织的不规则圆圈。轿门已打开，他们钻进去，在窄小的位子上坐下，轿夫们一路小跑着穿过了花园。

不一会儿，他们便回到了旅舍。路上他们什么也没有看到，因为是坐在轿子里被直接抬到大门口的，所以他们也不能确定这里与前一天晚上有什么区别，他们完全有可能是在埃及、希腊、

---

① 金币名。

罗马、美因茨，或者另一个完全不相干的地方，其实在哪里对他们来说都无所谓。他们怀着安全感回到现代的舒适生活中，接待大堂里电灯明亮，房间钥匙像往常一样放在那里等着他们来取。

"虽然今天已经很晚了。"塞内克斯说道，"我们还得再谈一谈。我建议，大家稍微梳洗一下，十五分钟后我们再在这里碰头。"贝蕾妮克、罗曼和斯特凡点了点头，各自回房间去了，房间里他们所需的东西都已备好。贝蕾妮克刚好来得及冲个澡。

"啊，太舒服了。"她心满意足地感叹道。

第五晚

黑暗的时代

转变中的世界

伽利略最重要的功绩

"伽利略不仅仅是天文学家和新星辰的发现者!"当他们在餐厅坐下的时候,斯特凡开口说道。

"你说得对。伽利略是天文学家、哲学家、物理学家和数学家。他于1564年生于比萨,父亲是佛罗伦萨一个穷困潦倒的音乐家。伽利略是那个时代最伟大的科学家,是十七世纪科学革命的先驱。他最伟大的贡献在于,他将物理学确定为一门精密的科学,刚刚二十五岁时,他就成了比萨大学的数学教授。他首先发现了钟摆摆动的速度与摆臂长度的关系,那时他没有表,只能用自己的脉搏来测量时间,同时,他还用这种方式准确地测出了自己的心跳频率。"

"所以今天我们在路上提到钟摆时,你马上就想到了伽利略。"

"是的,贝蕾妮克。伽利略宣称两个不同重量的铅球下坠的速度是一样的,这一论点激起了同行的反对,因为他竟挑战伟大的亚里士多德。"

"据说他是在比萨斜塔上进行这项实验的。"

"有可能,罗曼。但这只是伽利略一个朋友的说法,而伽利略本人和其他两位同时代的人对此都保持了沉默,这段有趣的小插曲大概只能算是一段寓言吧。不过人们当然可以做这种想象!无论如何,伽利略后来去了帕多瓦,那里的思想更为自由开放。他在帕多瓦度过了十八年,这也许是他一生中最幸福的时光。他不停地做研究和实验,证明物质不灭。他还提出了杠杆和滑轮原理,并证明自由落体的速度会不断增加。他在斜面上进行了无数次实验,证明物体下滑的速度会随着斜面的倾斜度而改变。他还认识到,一个在完全水平的平面上滑行的球体只有通过摩擦和空气的阻力才会停下来,由此他提出了惯性定律(虽然他不是这样命名的),这一定律对于今天的人来说是理所当然的事实,也是我们能够将卫星发射上天的前提条件。"

"我上物理课很费劲,"罗曼叹息道,"物理从来就不是我的强项!"

"现在我们再回忆一下毕达哥拉斯,"塞内克斯说,"你们已经知道,毕达哥拉斯发现,当一条弦比另一条长一倍时,它发出的音将低八度;当它是另一条弦的一倍半长时,它的音将低五度;如果它比另一条长三分之一,它的音将低四度。由此毕达哥拉斯推论出,音程(如四度音、五度音和八度音),可以由简单的数字关系(如四分之三、三分之二和二分之一)表达出来。伽利略把音乐的音调归于空气震荡的波长。音符音调的高低视其弦线在某一特定时间内振动次数而定。他告诉我们，只有当振荡波有规律和节奏地传到我们的耳朵时，它制造的音响才会听起来和谐有韵律。他还说，只有那些能通过数学表达的物质特性（如维数、位置、运动及密度）才真正属于物质，而如声音、味道、气味、颜色等其他特征，只能产生于人的意识中，离开观察者就无法存在。他假设，有朝一日这些次级属性也可以转化为能用数学测量的一级属性。"

"正如他所预料的，"斯特凡说道，"现在至少音调和色调已经可以转换成数字，也就是数字化！难道我说的不对吗？"

没有比真理更难以让人接受的了

塞内克斯点了点头："你说的完全正确，斯特凡。现在我们谈谈最重要的——天文学。起初，伽利略相信托勒密的地球中心说，也认为地球是宇宙的中心，太阳围绕地球旋转，但当他读到哥白尼的论述后……"

"是假设！"

"是的，罗曼，不过伽利略很快就把这一假设看成了科学论据，或者至少将它当成严肃的命题。他对此深信不疑，他在一封致德国著名天文学家约翰内斯·开普勒的信中谈到了自己的观点，这封信被保存下来了。除此之外他还小心翼翼地保留着他的看法。他改进指南针,并对磁学和热量测量产生了兴趣,直到他的《星辰的消息》出版,他才在欧洲名声大振。"

"他的书如果没有印刷出版,肯定不会有这么大的影响。"

"你说得对,罗曼。你们肯定还记得,哥白尼的那本具有革命意义的书就是在纽伦堡出版的。伽利略当然也受到了攻击。"

"没有比真理更难以让人接受的了,"斯特凡说道,"如果他声称人死能复活,说不定马上就有上千的追随者。"

"在佛罗伦萨,伽利略由大公爵特别任命,成为宫廷数学家和比萨大学的哲学家。你们刚才参加的就是那个有纪念意义的聚会。1613年他写了一本关于太阳黑子的书,这表明他已经接受并赞成太阳中心说的宇宙观。"

"但是教会反对他!"

"是的,斯特凡,还在佛罗伦萨时他就遭到教会的抨击,但他并不是第一个说出这种观点的人。开始时,有不少聪明的教会人士站在他这边,有些人甚至加入新的天文学研究行列中。教皇乌尔班八世也满怀兴致地关注伽利略的工作。可是后来这些高层教会人士渐渐被他的反对者拉走了。许多神学家意识到哥白尼的天文学理论与《圣经》的内容不一致,担心这会影响人们对《圣经》的信仰。这段纷争历时漫长,后世对它的描述又充满矛盾,其中不乏对教会的辩护。不管怎样,有一点是可以肯定的:伽利略受到了宗教裁判所的传讯。"

"他不知道自己处在何种危险中吗?"

"唉,贝蕾妮克,"塞内克斯回答说,"起先他太着迷于观察实验和计算，对别的毫不关心，也许他是故意不考虑这种危险后果的。后来，宗教裁判所判定：'认为太阳静止不动地位于宇宙的中心是非常愚蠢的，从哲学上来说是错误的，是地地道道的异端邪说，因为它违背了《圣经》；认为地球不是宇宙的中心、它每天自转一周的结论在哲学上是荒谬的，会将人引入歧途。'伽利略再也不能宣扬太阳中心说了，哥白尼的著作也开始被查禁。"

"伽利略被关押起来了吗？"

"那倒不至于，罗曼。伽利略回到了佛罗伦萨。不久，他的处境变得更为严峻，因为他又发表了一篇文章，而且还把这篇文章敬献给了教皇。刚开始倒没有引起什么反应，教皇似乎也打算听其自便。但是七年后，当伽利略在文章中将他的反对者（包括教皇）贬低了一通后，他们终于忍无可忍了。"

"他被当作异端烧死了？"

"没有！伽利略的书是在 1632 年 2 月出版的，10 月，这本书的内容遭到了审查，他被传讯去罗马，但他因身患疾病不能成行，直到第二年的 2 月才动身。在罗马他受到（至少是暂时的）拘禁，不过不是在监狱，而是先后在佛罗伦萨的领事馆、美第奇别墅和梵蒂冈。但是，教会还是以刑讯和严厉的惩罚威胁他。我们简单了解一下就行了，其中曲折的过程对我们来说并不重要。不管怎样，伽利略毕竟想保命，他假意表示悔改，并发誓以后永远尊崇教会的教义。要想理解他的'懦弱'（如果非要这么说的话），你们必须记住，在此前三十三年，焦尔达诺·布鲁诺因为捍卫自己的理想，被推进火刑堆活活烧死了。"

"的确,这是一个多么可怕的结局啊!如果伽利略遭受同样的命运,对谁都没有好处。"

"'地球是自转的'——他真的说过这句名言吗?"

"这点无法证明,罗曼。在通常情况下,这个传说很可能是对当时情景的简要说明。从内容上看,伽利略有可能说过这句话。伽利略的论述和约翰内斯·开普勒的文章都被列为禁书。这个在当时颇为大胆且与主流思想对抗的理论沉寂下来。只有后世的人们才将伽利略看作一个在黑暗时代高举智慧火把的殉道者。"

"教会后来承认了错误,并为伽利略恢复了名誉。"

"那可是在近四百年之后,罗曼。"斯特凡叫道。

"庞大的组织机构想要有所改变总是特别困难的。"塞内克斯说道,"而且科学史和基督教史很难分开,它们的关系错综复杂、彼此纠缠。"

"伽利略后来怎样了?"贝蕾妮克问道。

"晚年的时候,他那位当了修女的女儿照料他的生活。他们住在佛罗伦萨附近的一座庄园里,他一直致力于科学研究,写出了他最后一本巨著,为机械物理奠定了基础。他是一个孤独且不幸的老人,病魔缠身,双目渐渐失明。伽利略死于1642年,就在同一年,英国物理学家和数学家艾萨克·牛顿出生了。直到1737年伽利略才得以以基督教仪式安葬,1992年他才被天主教会宣布无罪并恢复名誉——这你们肯定都知道了。"

离开中世纪

饭后,塞内克斯建议道:"意大利很少有这样温暖的复活节之夜,尤其是在比萨,这里还不是它的最南部,你们有兴趣再到花园里坐一会儿吗?我们今天看到了很多东西,经历了一个极其丰富多彩的时代。其中的转变虽然不十分明显,但是一个新的时代已经开始了。"

"我认为,我知道您想说什么。"斯特凡说道,"我们将离开绝对信仰的时代,进入自然科学的时代,从此我们不再赤手空拳地面对自然和它的威胁了。"

大家都想在花园里再待一会儿。贝蕾妮克甚至觉得,如果现在就各自回房间休息,简直会留下遗憾。

他们围在一张低矮的圆桌前,桌上点着一盏风灯,但它那微弱的光亮并不能完全驱除黑暗。头顶是黑丝绒般的夜空,墙边有一个好莱坞电影中常有的秋千,贝蕾妮克美滋滋地坐在上面,斯特凡和罗曼则分别坐在左右两旁的软椅上,塞内克斯坐在他们对面,背对着花园。一股香味飘过来,在这个季节一般还闻不到这种花香。

"难道紫藤花开了吗?"贝蕾妮克如醉如痴地问。

"当然了,贝蕾妮克,"塞内克斯回答道,"这是由于地中海储藏着很多热量。"

"塞内克斯,您提议我们在这里留一会儿,一定有什么想法吧。"

"是啊,斯特凡。但我现在觉得有点为难,因为我不知道还能让你们看什么、还能对你们说什么。我们站在一个至关重要的关口。从现在起,自然科学的发展日新月异,可以说出现了知识大爆炸。我们现在该谈谁?又能漏掉谁呢?"

"这全由您决定,塞内克斯。"

"我现在不可能把所有重要的事都一一提到,但我希望至少能唤起你们将来继续研究的兴趣。可供学习和研究的材料浩如烟海,成千上万的人终其一生也不能了解透彻!"

"我们接受这个富有教育意义的提议。"贝蕾妮克笑着往后靠了靠。

"好的,我赞成。当然我也不反对偶然选择的原则。"

"人类正是由于生物偶然选择的原则才获得了生命,罗曼。"斯特凡插嘴道。

塞内克斯解释道:"我们可以在这个晚上,重新回到我们匆匆跳跃过去的那个世纪。"

"您指的是哥伦布和伽利略之间的那段时间吗?"

"实际上还要广泛。我们要在离开中世纪之前,对这一时期做个总结。"

但是,塞内克斯并没有马上开始他的总结发言。

我们不是世界的主宰

"请你们再抬头看看天空!"过了一会儿塞内克斯说道。

头顶是无边无际的黑色苍穹，点缀着成千上万颗闪烁的星星——他们能看到那些大的星座，如猎户座、大熊座、天鹅座和仙后座。这些星座的周围是白羊座、金牛座、双子座、巨蟹座、狮子座、处女座、天秤座、天蝎座、人马座、摩羯座、水瓶座和双鱼座。

"我告诉过你们，"塞内克斯说道，"哥白尼的理论彻底改变了人类的世界观。当然，这个改变的过程没有我们今天想象的那么快，与传统观念决裂是非常痛苦的，不可能迅速而彻底地进行。但是一些科学家和继他们之后的哲学家却开始以新的眼光注视这个世界。"

"我相信，这一过程至今还没有结束。"斯特凡说道，"可惜人类还不愿意去理解这个宇宙，否则我们就会承认，我们不是宇宙的中心，也不是万物之灵长。"

"因为不理解宇宙，我们把一切都破坏了。"罗曼补充道。

贝蕾妮克表示同意："我们也应该这样理解进化公园门口的启示：'放下你们的高傲和自大。'"她闭了一小会儿眼睛，好像在进行反思。烛光透过玻璃罩忽闪忽闪地照在她的脸上，只见她双眼紧闭，长长的睫毛在微微颤动。突然间，罗曼似乎觉得这不是一张属于现实世界的脸孔，他仿佛在南方的夜晚里看到一个来自遥远年代的面具。

"我曾说过，从这个时候起，现代科学诞生了，"塞内克斯继续说道，"人们经历了对天上和地下的崭新发现之后，经院哲学的论题——你们一定还记得——逐渐失去了意义。"

"我们老是听到经院哲学,听到托马斯·阿奎那,可我还是没完全弄懂,到底什么是经院哲学?对我来说经院哲学就是中世纪的玩意儿。"

"我简要地说一下,贝蕾妮克。经院哲学试图将基督的启示与哲学的思维联系起来。但是从现在起,人们开始在各个领域更加深入地探索事物的本质,特别是在数学和物理学领域。荷兰人的成果尤其引人注目。他们发明了显微镜、望远镜(正如我们刚刚听到的)、温度计、气压表和钟摆。新教兴起的英国前进的步伐也比其他地方快。曾任上议院议长的弗朗西斯·培根就批评大部分从古希腊人那里接受过来的哲学思想太幼稚。这种地区差别很容易得到解释,因为在西班牙和意大利,人们惧怕以火刑堆为要挟的宗教裁判所。教皇保罗很狂热,他甚至扬言:'哪怕我的父亲成为异端,我也将亲自堆积柴火去烧死他。'西班牙的气氛稍微温和一些,从十六世纪中叶开始,宗教裁判所要求所有书籍必须用拉丁文出版,以此阻止知识的传播。法国的科学家也不能呼吸到自由的空气。1662年他们还烧死了寓言诗人拉封丹的一个同事,因为在他的文章里发现了反宗教的言论。"

"那时路易十四已经二十四岁了,三十多年之后,伏尔泰就出生了。"

"就算现在,亵渎神明不是也要受到惩罚吗?教徒动不动就觉得自己受了侮辱,他们反应激烈,好像这是什么弥天大罪!"

"但你现在说这种话,就没有人烧死你,斯特凡。"罗曼反对道。

"恐吓和威胁可一直存在,就算大部分是匿名的!"

科学离不开数学

塞内克斯接着说道:"德国的科学没有得到发展,因为三十年的宗教战争压制了一切,也毁灭了一切。相反,英国的弗朗西斯·培根却可以提出对物质世界本身进行深入的研究,不能再把一切当成既定事实来接受。他认为,人的思想要彻底清除所有成见,人生的目标不应再是推断和猜测,而应是发现和认识。"

"这人很合你的口味,斯特凡。"罗曼大声说。

"但培根也没有完全摆脱那种过时的实证方法。"塞内克斯说道,"除了少数例外,大多数欧洲思想家内心深处并不承认自然科学的发现与《圣经》的教义是不一致的,虽然他们原本抱定了与经院哲学决裂的决心。"

"他们是不是走进了一个死胡同?"

"是啊,贝蕾妮克。所以他们力图将不得不相信的与可以证实的当成完全不同的事物来看待。"

"直到今天人们不还在这样做吗?"斯特凡说道。

"在科学领域,在一切可证实的世界里,离开了数学都是行不通的。我们甚至可以这么说,科学的进步完全依赖于数学。这里我们将再次遇到尼古拉·冯·库斯,他教导我们,宇宙并不是无序的，而是上帝按照精确的数学原理创造出来的，若要了解其中的规律，就必须掌握数学的思维方法。在此我要谈一谈我特别感兴趣的一章，而在大多数情况下这部分内容都只是附带提一下。"

"请千万别谈什么公式、法则和方程式！"

经　济

从一开始，计算就不是件容易的事

"我想说的完全是另外一回事，贝蕾妮克。我说的是数字，或者说是数字符号。整个中世纪人们用的都是罗马数字，哪怕它并不实用，因为人们把罗马数字看成拉丁文化的一部分。来自印度的阿拉伯数字在宗教领域则备受怀疑。由于迷信，中世纪教会完全排斥阿拉伯数字。弗里德里希二世的宫廷数学家斐波那契将阿拉伯数字引进了欧洲，而教士们竭力阻止人用阿拉伯数字进行计算。甚至到了十八世纪，法国的总会计署还在使用晦涩的罗马数字，法国大革命后阿拉伯数字才算得到了广泛的运用。"

"人们是怎么认识这些数字的呢？"

"贝蕾妮克，刚开始时，阿拉伯数字是被印在香料袋上传到欧洲海岸的，很快商人们便发现用阿拉伯数字进行计算要比用罗马数字简单得多。早先人们用棍子或干了的动物粪便球来计算数目，这非常麻烦。现在我们来谈谈数字吧。你们说说看，到底哪个数字最重要？"

"1。"贝蕾妮克随口说道。

"现如今，有两个数字最重要，1和0，"斯特凡说，"计算机只用这两个数字，用1和0就可以实现数字化。"

"你说得对，但最重要的数字是0，没有0就没有技术，没有进步和科学。发现0和它作为乘数的作用真是了不起。为此我们应该感谢印度人。"

"尼采[①]认为，数字和计算是人类最伟大的发明。"斯特凡说。

"他说得有道理。在计算和占有的快感之间存在着极为密切的关系。数字也是各种生产必不可少的工具。裁缝需要量尺寸，木匠和建筑师也需要丈量尺度关系。数字还能显示人类的处事方式。大自然并不需要数字去创造动物和植物，动物也不会数数，只有人类需要靠数字去操纵世间万物，数字能使我们把握和理解这个世界。当数字不再依附于某一事物、变得抽象起来的时候，数字就获得了它最大的胜利。"

阳光下闪烁的金色指针

月亮从一棵雪松后露出头来，远处的塔楼大钟敲了十声。斯

---

① 尼采（Friedrich Wilhelm Nietzsche，1844—1900），德国哲学家、文学家，提出"上帝死了"，作品对现代哲学产生深刻影响。

特凡问:"机器制动的塔楼大钟是什么时候出现的?"

"据我们所知,机械钟表最早出现在 1271 年。大钟安装在大家都能看到的地方,如教堂和市政厅。"

"当时肯定非常轰动。"

"当然啦,贝蕾妮克,人们像潮水般涌向教堂和市政厅,抬头注视着阳光下闪烁的金色指针。"

"如果没有精确的时间计量,现代生活会是什么样?时间被精确划分为秒、千分之一秒,现在甚至可以用原子和无线电进行计量。没有时间的划分,就不会有火车、飞机,当然也不会有登月。"

"有一次,"贝蕾妮克若有所思地说,"我站在一座英国大教堂里,听到了那座举世闻名的中世纪大钟的鸣响,当时我默默估算了一下,发现这座钟自从安装上去后,至少已经响了五亿次。"

"可我们的生命又是多么短暂啊!"斯特凡回应道。

劳动是有价值的——一个具有革命意义的想法

塞内克斯沉默不语。过了一会儿,他说:"也许我还应该说说那个来自奥格斯堡的商人雅各布·富格尔,就算举个例子吧。他以前所未有的方式代表着一种全新的权力,这种权力不再以王侯特权或占有土地为基础,而是以金钱为基础。商人不懂得占有土地或人,他们努力做买卖,从工业和贸易中赚取金钱。这时,新的规则出现了。头一次，决定一个人社会地位的不是家庭出身，而是拥有财富的多少。通过劳动（当然还有运气），每个人都能改变自己的命运。效率、成就、工业化的思维方式，这一切都在那时出现了。"

"在谈到洛伦佐·美第奇时，您就提到过富格尔这个名字。"

"贝蕾妮克，美第奇和富格尔是两大极具影响力的商人家族。'了不起的洛伦佐'以艺术家、艺术赞助者和政治家的身份闻名于世，却是一名糟糕的商人；雅各布·富格尔却不同，他通过经商获得权力和财富，树立了史无前例的成功典范。从对基督教的信仰中，人们对劳动产生了一种新的认识，并做出了正面的评价。在古希腊罗马时代，人们普遍认为劳动是低贱的，只让奴隶去做，你们知道，那时就连手工艺也得不到承认。亚里士多德声称，不能让手艺人成为公民；色诺芬[①]扬言，手工业劳动者活该是不体面的，理应受到蔑视。然而，圣徒保罗提倡：'不劳动者不得食！'奥古斯丁甚至说，劳动是人修身养性的方式，而不是负担。他在人的劳动中看到了上帝创造万物的延续。"

"或者说是进化的一种自然延续。"

"这个么，斯特凡，当人本身也参与了造物时，他也就塑造和改变了万物。天主教本笃会的教义、他们开垦土地的修道生活，还有'祈祷和劳动'的信条，同样属于这个范畴。劳动是有价值的——这是一个具有革命意义的想法，直到今天这一思想还

[①] 色诺芬（Xenophon，约前430—前355），古希腊史学家、作家，以记录当时的希腊历史和苏格拉底的言论著称。

在发挥作用。于是，商人站到了手工业者和工人那一边，他们彻底改变了欧洲的面貌，成为一种政治力量。其中有建造了许多宏伟哥特式建筑的汉萨同盟[①]城市，如根特、布鲁日、安特卫普[②]、不莱梅、卢贝克、施特拉尔松德、格赖夫斯瓦尔德[③]和雷维尔[④]；有北海和波罗的海的贸易联盟；还有一个崭新的市民阶层。这些城市实行自治，高呼'城市的空气使人自由'，它们是今天民主制度的萌芽。他们不再屈服于贵族的统治，王侯的专制也被城墙挡在了外面。至于商人的最高目标仍然是跻身于贵族阶层，则是另外一回事，这是人类的虚荣心在作怪。城市繁荣昌盛，第一次形成了属于城市本身的纯粹的市民文化。钱能买到雇佣兵、供养军队，钱能贿赂选帝侯[⑤]、影响皇帝的继位，也能收购和控制王侯的领地。"

"雅各布·富格尔就是这个圈子里的人吗？"

"是的，罗曼。他发迹很快。他生于1459年，起初加入了方济各会，想成为教士。但由于家庭的原因，他进入兄弟的企业工作，不久便控制了全局。他的第一个重大成就是将复式簿记法从威尼斯带到了奥格斯堡，为此他也许只需要运用一点自己的聪明才智就够了。这种方法是将每项生意上的变动都做两次书面记录，卖出货物时记下货物售出和钱款进账，买进货物时记下货物

[①] 13世纪到17世纪北欧城市结成的商业、政治同盟。
[②] 根特、布鲁日、安特卫普均为比利时城市。
[③] 不莱梅、卢贝克、施特拉尔松德、格赖夫斯瓦尔德，德国城市。
[④] 雷维尔，法国市镇。
[⑤] 有权选举神圣罗马帝国皇帝的诸侯。

购进和钱款支出。他很快意识到，固定的开销也要计算在内。他的商业天才（除此之外我们找不到其他可以形容他的词）已崭露头角。在经营纺织品生意之后，他在铜矿和银矿的开采方面取得了重大成功。接着他就开始在银行领域发展。他早就毫无顾忌地干过许多事（如今已比较常见），比如贿赂有影响力的人物，不论这些人是在宫廷里做官，还是在政府的管理阶层做事。那时人们称这种贿赂为'润手膏'。与众不同的是，他以定期发薪水的方式给别人'涂''润手膏'。所以不久他就有了一大批可靠并依赖于他的帮手。富格尔还不到三十岁的时候，侯爵和伯爵的名字就已经列在他开出的薪水单上——还有教士，甚至有梵蒂冈的神职人员。他还是马克西米利安一世[①]的'私人银行'，没有他就不会有查理五世。富格尔的商业分号遍布各地——从俄国的诺夫哥罗德到里斯本，从伦敦到那不勒斯，从汉堡到布达佩斯。他在国外分店的负责人大概就像今天的经理人，薪水很高，但也要做许多工作，掌握多种外语，尤其要举止得体，懂得谨慎处事和保守秘密。

"富格尔最好的顾客是教会。按规定神职人员不得将钱借出去赚利息，但实际上没有人遵守它。他们在极为保密的情况下通过雅各布·富格尔来做这种买卖。不久富格尔就掌握了教会内的职务，并通过出售职位牟取利益。谁要是想成为教会成员或想得到一个教区，就将钱汇给富格尔，他再将其中的一部分转到罗

---

① 神圣罗马帝国皇帝。

马，他通过那里的分店频繁地进出梵蒂冈。自 1503 年起，富格尔在德国、匈牙利和波兰垄断了所谓的'赦免业'，聚敛了大量钱财。靠花钱来赎罪，由此逃避地狱般的惩罚——这是多少罪人求之不得的事。只要教皇宣布一项赦免条件（例如，为建造彼得大教堂捐款），那么每个国家就会有一个专门负责收款的人，主要是当地的枢机主教，而在德国收款的人就是雅各布·富格尔，所以当年路德反对这种赦免交易时，曾提到过富格尔的名字。"

"可是，奥格斯堡人今天在夸赞他们这个伟大的儿子时，对此却只字不提。"斯特凡说。

谁可以享受生活的甜美而不去享受，谁就是傻瓜

"和以往一样，"塞内克斯接着说，"世界在改变。所有的新事物都在侵蚀着传统习惯，也侵蚀着本来就深深扎根于农业社会的宗教。我敢说：越有钱的人，越没有信仰。英国讽刺作家约翰·高尔在十四世纪就曾写道，英国商人对死后的一切毫不在乎：'谁可以享受生活的甜美而不去享受，谁就是个傻瓜，因为没人能知道我们死后走哪条路、去哪里。'"

"这种说法可严重违背了教会宣扬的教义！"

"我想这样解释一下，罗曼。在更早的时候，十字军东征的失败就使人们对基督教教义产生了疑问。在基督的城市君士坦丁堡被土耳其人占领、信奉基督教的皇帝被驱赶并悲惨死去之后，

人们对宗教的怀疑更深了。"

"更何况现在已经有了新的科学世界观。"

"不错，贝蕾妮克。我前面曾提到过弗朗西斯·培根，这位才华横溢的英国哲学家和政治家，他将哲学从神学中剥离出来。这真是了不起的举动！他支持经验主义，追求在'纯粹经验'基础上的'科学的伟大更新'。他认为经验是知识唯一可靠的源泉。因此，他也成了自然科学的开路先锋。我们在领略了现代天文学和解剖学的黎明之后，紧接着就能看到数学和物理学快速前进的脚步了。"

从上至下的改革

人类历史上最重要的革命

"尽管如此,占统治地位的还是信仰。"塞内克斯继续说道,"说到这个题目,就要提到宗教改革,尤其是雅各布·富格尔的同时代人马丁·路德。我们谈谈他好吗?"

三人马上表示同意。

"那我就开始讲啦。宗教改革也许是人类历史上最重要的一次革命。从发生在路德时代的农民战争中就可看出,大众改变社会生活的愿望越来越强烈,那是一个充满叛乱的年代。葡萄牙航海家麦哲伦环游地球,最终证明了地球是圆的;市民阶层创造了自己的文化并要求得到政治权力;在科学领域,人文主义精神得到了弘扬,它要求科学知识为人类服务,反对无知,反对教会的独裁专制和过时的中世纪经院哲学;在艺术领域经历了文艺复兴;而在宗教领域里则掀起了宗教改革运动。进行宗教改革的想法并不是刚刚才有的，公元300年西班牙苦行僧、阿维拉主教普里西利安就因'异端邪说'受到审判，因为他抨击教士的挥霍无度，后来他被交到国家权力机关，在特里尔被处以火刑，从此基督徒对基督徒的迫害就开始了。普里西利安的支持者遭到最血腥残暴的杀戮。后来的教会也常常利用国家机器对那些试图批评和改革教会的人进行报复。许多人都认为这是基督教在世界史上走过的一条歧途。这也是自君士坦丁大帝统治以后将国家政权与教会相结合的一个后果，虽然君士坦丁大帝被基督徒称为伟人、被东正教徒封为圣人，但他仍是一个颇有争议的人物。不管怎么说，普里西利安的命运已经表明，批评教会将面临怎样的危险。尽管如此，阿西西的圣方济各实际上追求的也是对教会的改革。在中世纪末期，即路德的年代，佛罗伦萨的僧侣萨伏那洛拉也试图反对那个光辉耀眼而又令人捉摸不透的波吉亚家族教皇亚历山大六世，他因此被处以绞刑，尸体被焚。锡耶纳①的圣凯瑟琳也以较为温和的方式来争取教会的革新，英国的托马斯·莫尔则幻想着一个没有私有财产的神权政体。十四世纪的牛津神学家约翰·威克利夫曾提出过许多路德后来发表的改革言论，在某些方面甚至比路德还激烈，他根本不想对教皇和教会进行改革，而是要将其完全废除，后来他本人虽安然逃脱，但大批支持者却被残杀。布拉格的扬·胡斯在威克利夫的言论里增加了民族主义思想，1415年他被烧死。

---

① 意大利中部一城市。

由此可见，宗教改革早在酝酿之中，路德只是它的完成者。自十四世纪以来，很多人都在教会不公正的沉重压制下苟延残喘。在中世纪，至少三分之一有劳动能力的人没有工作和收入（我们当然没有准确的数据，因为那时还没有统计）。教会被越来越频繁地推上被告席，引起争议最多的赎罪券买卖只是其中的一项罪名，这桩买卖是专门掠夺信徒钱财的。此外，教会制度的危机、教皇过分的统治欲、文艺复兴时期教皇的世俗化以及许多教士的不公正行为，都使教会陷入了困境。"

"路德打算给宗教注入更为真诚的新内容吗？"

反叛的农夫之子和虔诚的僧侣

"是的，罗曼。路德宣扬：公开的信仰是一场闹剧，私下的信仰才是真正的生活。在教会醉心于粉饰和炫耀自己的时代，这可是十足的异端论调。路德不仅改变了欧洲的精神面貌，而且极大地影响了欧洲大陆的政治版图，在这方面他的影响比其他任何人都要深远，一直持续到二十世纪。其实就思想而言，他更属于中世纪。他以坚强不屈的反抗精神和扣人心弦的语言力量推翻了那个早已过时的制度。他既是具有反叛精神的农夫之子，又是虔诚的僧侣。他一生都相信精灵、女巫和魔鬼，确信魔鬼与女巫私通。他结了婚，却认为所有的女性都品德败坏，都有变成女巫的可能，认为这是女人自夏娃以来就有的本性。

他咒骂女巫,要求折磨和杀死她们。即便如此,路德还是成了通往新世界的中间人——虽然也许这违背了他的本意。"

"我们不应忘记路德对德国语言和文学的影响,特别是他翻译的《圣经》。"

"你说得对,罗曼。他认为,不应以拉丁语作为人们怎样说德语的标准,而要去问问那些母亲、孩子和普通的老百姓,'看看他们是怎么说的'。这大概就是他的《圣经》译本大获成功的原因。《新约》刚印出来就售出了五千册。这惹恼了很多人,因为现在连裁缝、鞋匠和妇女都能读《圣经》了。路德也许可以算得上是德国历史上最重要的人物之一。这个外表朴素、有如木刻的男人,才智肯定不能跟他的战友菲利普·梅兰希通[①]相比,更比不上他的同时代人——来自鹿特丹的伊拉斯谟,可他却成了启蒙运动的开路先锋(即使这并非出于他的本意),为康德、费希特、叔本华和黑格尔铺平了道路(虽然他本人和整个新教对自然科学颇不以为意)。路德以《圣经》为一切的出发点,如我们所知,他还拒绝承认哥白尼的天文学。与他并肩作战的战友中只有菲利普·梅兰希通研究物理、天文学(而不是星象学)、数学和医学,并教授古代数学史,但是他被路德的强大人格挤到了一旁。"

"就这样,可以自由思想的时机被错过了!"

[①] 菲利普·梅兰希通(Philipp Melanchthon,1497—1560),哲学家、人类学家、语言学家、神学家,主张因信称义。

欧洲的光芒

"自由思想……"塞内克斯深思着,"这或许提醒我们该回忆一下伊拉斯谟了。他本可以成为宗教改革的奠基人,但他却无法在天主教和宗教改革之间做出选择。作为哲学家、语言学家和诗人,伊拉斯谟有一段时间曾是那个时代最令人敬仰的人物,他是最伟大的人道主义者和学者。皇帝、国王和大臣都征询他的建议。他的智慧和犀利的文笔让他被誉为'欧洲的光芒',被随笔作家尊为开山鼻祖。"

"他是荷兰人?"

"是的,贝蕾妮克,他大概于1466年出生在鹿特丹,是一个神职人员的私生子,后来他加入了奥古斯丁教团,学习并爱上了美妙的拉丁语和诗歌,他嘲笑当时盛行的枯燥乏味的经院哲学。他经常旅行,除了巴塞尔,很少在一个地方安定下来。1536年伊拉斯谟在巴塞尔以七十岁高龄去世。"

"这就是全部了?"

"当然不是!他发表了许多讽刺文章和书籍,嘲笑死板的教会传统和仪式,认为人类的行为都是出于愚蠢。我还想提一点,伊拉斯谟是最早公开反对战争的人物之一,他称士兵的工作本质上跟'杀人犯的行为'没什么区别,所以他禁止士兵祈祷。他对宗教改革的主要贡献是将希腊文的《新约》翻译成与教会的《圣经》大相径庭的拉丁文通俗译本,为此他遭到梵蒂冈的激烈抨击。没有这个译本,路德对《圣经》的翻译也许根本就无法实现。"

"这么说路德得感谢他了?"

"伊拉斯谟在许多方面都走在路德前面。"

"那他为什么没有得到应有的成功呢?"

"因为他只用拉丁语写作,他期望能按照理性和逻辑的原则,以及最大限度内的宽容,进行一次从上至下的教会内部改革。"

"因此他很快就失败了。"斯特凡叫道。

"是的,普通老百姓并不接受,他们更容易接受路德激进的感召,路德向众人允诺进行'又好又圆满的改革'。路德获得了成功,虽然他只是如当时的传单所写,'将伊拉斯谟早就产下的蛋孵化出来'罢了。"

"所以路德和伊拉斯谟算是英雄所见略同?"

"并非完全如此,虽然伊拉斯谟原则上同路德反对买卖赎罪券的观点一致,但他认为与宽容相结合的理智和判断远胜于狂热的冲动。"

"伊拉斯谟越来越转向路德的对立面,一开始,他还没有屈服于教会的压力,公开宣布与路德决裂,到他最终不得不这么做时,他也是极有节制的。这两个男人的争执不断升级,路德对伊拉斯谟和解的态度不予理睬,而且伊拉斯谟的许多朋友都支持宗教改革,他们躲着他,把他晾在一旁。这个伟大人物一直在寻求中庸之道,因此他既受到了天主教的压制,又受到新教的攻击。他的著作被天主教列入黑名单,新教的人又指责他不停地鼓吹和平与人道主义,没有坚决地支持宗教改革。"

"他最后是在孤独中死去的吗?"

"大概是这样吧,贝蕾妮克。尽管他去世前不久得到一个迟来的荣誉——教皇授予他枢机主教的头衔和一笔可观的薪金,但他拒绝了:'难道我这个行将就木的人,还要去承受我一生中一直拒绝的负担吗?'他一直是一位热爱自由、永远不愿只为一个党派服务的特立独行者。他一直工作到生命的最后一刻,甚至在垂危的病榻上还与朋友和学生们辩论——当然是用拉丁语。这个一生只说拉丁语和希腊语的男人,在咽气的时候用自己的母语像孩子一样低声唤道:'亲爱的上帝。'①"

一个感情冲动的人

"那路德死后情况怎样呢?"

"路德的支持者气量更小,斯特凡。瑞士宗教改革家加尔文和茨温利对自然科学不以为意,对艺术也是这样。路德还在世时就发生了所谓的维滕贝格画像风暴——把所有的绘画和雕像搬出教堂,只留下书。以前,图画是门外汉的书,但现在没有门外汉了。圣像被挖走,圣人的遗骨或遗物被践踏,绘画被焚烧。萨伏那洛拉在佛罗伦萨制造的悲剧,这时在荷兰和瑞士又重演了。"

"那后来又怎么发生了转折呢?"

"原因很多,贝蕾妮克。那时发生了许多社会变革。在维滕

---

① 原文为荷兰文"Lieve god"。

贝格，乞讨制被废除了，僧侣们应该劳动，富人应该供养穷人。如果有人要当印刷匠、金匠、裁缝、鞋匠，或学习任何一门手艺，而手里又没有钱，他就可以得到官方的支持。僧侣能成为面包师、木工，还可以结婚。"

"那么说来路德也反对教会对性进行诋毁和攻击了？"

"我想换一种说法，贝蕾妮克。你知道的，路德娶了修女卡塔琳娜·冯·博拉为妻。他曾明确地说过，自然界里到处都有性关系。他甚至引用了《圣经》里造物的故事，他写道，上帝将人分成了两类，雄性和雌性，男人和女人，一个他和一个她，上帝对此很满意。路德认为教皇的法令是该诅咒的、可耻的。"

"真有勇气！"

"但他也有阴暗的一面！我们还会谈到他反对犹太人这一不可救药的观点。同样糟糕的是他对待起义的农民和其他被压迫者的态度，他完全站在王侯贵族一边。他大声呼吁，要打杀农民，勒死他们，刺死他们，就像打死发疯的狗一样——不论是暗地里还是公开场合，因为他认为没有谁比造反的人更有毒、更有害、更邪恶。他还做了许多更过分的事情，但这里我不想再多提了。"

"这使路德看起来像变了个人似的。"罗曼说道。

塞内克斯思索了一会儿，然后说道："也许我该为路德争取一些理解。他年老时身患重病，身体和精神都处于崩溃的边缘，他患有严重的神经恐惧症、抑郁症、幻觉和昏迷症，饱受肾结石、痛风和高烧性风湿症的折磨，还有慢性中耳黏膜炎和动脉硬化症引起的小腿溃疡，以及潜伏的心脏机能不全。他知道自己将不久于人世。要知道,那时候的医生对这样一个疾病缠身的人是无能为力的。他常常哭泣不止,几乎浑身痉挛。跟人谈话时他根本无法倾听,会不停地打断别人的话。他暴躁易怒,无法控制自己的情绪。我们知道,他毕竟也只是一个人,而且是一个感情丰富的人。关于路德本人就谈到这儿吧。"

妇女也在被解放之列

"请再谈谈妇女的情况吧。她们也从宗教改革中得到了好处吗?"

"是的,贝蕾妮克,可以这么说,宗教改革彻底改变了妇女的地位。宗教改革者们丢弃了中世纪天主教教义的基石——守贞。人们开始珍惜婚姻,神职人员可以结婚,女人简直就是被催着去结婚。我们前面曾提到过,路德就结过婚,而且他还说,女人能给男人带来许多好处,她们可以征服男人,还有宗教改革家说过类似的话。天主教教义确定了妇女的两个品质,首先是贞洁,然后才是婚育,而新教教义则更看重后者。信奉新教的男人如果爱他的妻子,就会把她当作快乐和创造力的源泉。"

"这还差不多!"

"但你千万别上当,贝蕾妮克。在婚姻中还是男人说了算。新教确实在婚姻之外给了妇女一些独立自主的机会,而在天主教会里只有少数女性才能得到这种自由。于是一些妇女比男性更早改信新教，不过它也有一个负面影响——不愿结婚的妇女无法再戴上面纱躲进修道院了。"

只有太阳的灵魂能够感受到寰宇的和谐

塞内克斯啜了一口酒，接着说道："现在我想谈谈德国天文学家约翰内斯·开普勒，他是这个时代最后一位对文化和科学产生过重要影响的人物。在此之前，从柏拉图到哥白尼都认为行星围着太阳旋转，开普勒则指出行星的轨道是椭圆形的。开普勒这一理论超越了哥白尼，排除了哥白尼理论中最后一点不确切性。有了开普勒的理论，以太阳为中心的世界观便迅速被人接受。"

"开普勒不是伽利略的同时代人吗？"

"差不多吧，贝蕾妮克。约翰内斯·开普勒生于1571年，卒于1630年，而伽利略一直活到1642年。"

"开普勒将每一颗行星围绕太阳旋转的速度比作音阶上的一个音调（这使我想起了毕达哥拉斯），而所有的行星旋转运动合奏出'寰宇和谐之音'，这种天籁只有'太阳的灵魂'才能感受得到。谈到哥白尼的理论时，开普勒说：'我打心底里认为它是正确的，并以难以置信的痴迷愉快地思索着它。'"

"教会对此有何看法？他们可是强迫伽利略收回了自己的言论。"罗曼问道。

"开普勒的著述被列入了黑名单，就因为它们证明了哥白尼的理论是正确的。幸运的是,这对约翰内斯·开普勒本人没什么影响,他是一位虔诚的新教徒,并不依附罗马,他在相当长的一段时间内享受着富裕的生活和事业的成功。他很理性,但脑子里充满了幻想,至于他是否也像当时的大多数人一样相信巫术(关于这点我们后面还会谈到),我们不得而知。他可能不信,因为当他的母亲被指控为女巫而入狱时,他为她进行了激烈的抗争。他的母亲在经受了十三个月的牢狱之苦后终于被释放,但不久就去世了。这场悲剧以及三十年战争和经济上的艰难使开普勒生命的最后几年蒙上了阴影。开普勒对天体研究的贡献是不可估量的。在他看来宇宙是一座有规律的大厦。在这座大厦里面,行星(包括地球在内)都按照同样的规律运行。另外,开普勒算得上是一位预言家。他曾断言:'将来,有勇气的人们会闯入那个遥远的地方。'——'那个遥远的地方'就是太空。"

"真令人惊讶。"斯特凡说道。

疯狂和信仰的爆发

神秘的教义使人神魂颠倒

塞内克斯接着说道:"在离开中世纪之前,我还要提一个极其多样化的复合体。"

"那是什么?"

"我想谈一谈最广泛意义上的信仰,不仅是宗教,还包括迷信和巫术,谈一下宗教改革以及基督教是如何逐渐脱离罗马教会控制——也就是所谓的'黑暗的中世纪'的,这些话题用一整夜的时间都不一定谈得完。"

"为什么说是'黑暗的'?那时也有阳光普照啊。亲身体验历史正是进化公园漫游有意思的地方,如果只是看书,我们肯定无法认识得这么清楚。"

"你说得好,贝蕾妮克。这正是我所希望的。"塞内克斯说道,"中世纪之所以被称为'黑暗的中世纪',主要是因为中世纪的迷信、巫术和对犹太人的迫害，以及对罪恶、死亡、魔鬼和地狱的恐惧。"

"在我看来，这就像人类的青春期阶段，"斯特凡叫道，"许多事都显得那么不成熟和孩子气，人类似乎玩尽了一切可玩的游戏，其中包括一些很残暴的游戏。"

"他们可是十分认真的，"塞内克斯反对道，"我们还是再回到过去吧。你们已经看到人类是如何发展的。人类对知识的渴望越来越迫切，他们不再满足于《圣经》提供的解释，而是试图理解事物的本质。人类将目光转向天空，但这已不再是《圣经》里所描述的天堂（虽然那时人们仍将这本书称作'圣书'），人类在寻找真理。同时——这点我不得不经常强调——迷信观念以及阴暗的秘术仍在普通老百姓的灵魂深处根深蒂固，有时甚至也深深扎根于学者和自然科学家的心中。"

"这种现象至今也没有改变！迷信从来没有完全根除，理智几乎永远站在失败者的一边！"

"可那时的情形毕竟要比现在严重得多，斯特凡。神秘的教义使人神魂颠倒，就连历史记载也混杂着传说和童话。旅行者幻想一切不着边际的事情，人们什么都信，哪怕荒谬至极。上帝、撒旦和各种恶魔到处插手。如果不考虑到这种笼罩一切的氛围，就无法理解那个时代的狰狞恐怖和人的可怕行径。他们确信有精灵、女妖和地神，相信到处都有魔鬼那双贪婪的眼睛在窥视，认为这些鬼魂妖怪也许能带来好运或使人免受伤害。数字、矿石、植物和动物都拥有神秘的力量，一切都传达着上帝的意旨，同样也可以追溯到撒旦的邪恶。

"教会虽然将北欧从异教的迷信中解放出来，却并没有改变这种混乱的状况，因为就连教士，包括那些与大众联系最紧密的神父也是满脑子迷信。几乎所有的人都痴迷于星象，只有极少数有识之士能认清那不过是骗人的无稽之谈。1572年博洛尼亚大学将星象学从课程表中划掉了，十年后它遭到西班牙宗教裁判所的抨击……"

圣坛和王位的结合

"您提到宗教裁判所，"贝蕾妮克打断塞内克斯的话说，"宗教裁判所是什么时候出现的，它有什么作用？"

"宗教裁判所最早可以追溯到十一世纪，并在1184年基于教皇和红胡子弗里德里希[①]之间的一项秘密协约正式成立。弗里德里希二世下令严惩邪教，教皇格里高利九世也颁布了处置异端的布告，他后来被认为是宗教裁判所的真正创始人。这个为神圣的教会服务的世俗机构自此专对异端和教会分裂派施加淫威……"

"到底什么是教会分裂派？"

"教会分裂派是指那些偏离官方教会的信仰团体成员。到了十五世纪，宗教裁判所的势力日趋强大。它完全实行了《约翰

---

① 红胡子弗里德里希（Friedrich I, 1122—1190），即弗里德里希一世，属于霍亨斯陶芬家族，神圣罗马帝国皇帝（1155年加冕）。

福音》里的一节：'谁不愿留在我这里，就会像葡萄藤一样被丢弃，干枯而死，然后被人捡起扔进火中……'1542年成立了罗马宗教裁判所，或者说是神圣教会联合会。开始有六名枢机主教担当宗教裁判大法官，他们怀疑谁，就可以抓谁，赦免的权力只有教皇才有。最为可怕的是，在菲利普二世统治时期，西班牙的宗教裁判所进行了大量的异端审判和异端火刑，即所谓的'Autodafé'。"

"什么是'Autodafé'？"

"是为信仰而采取的行动，贝蕾妮克！"

"简直不可想象！"

"别忘了，斯特凡，那时的人们真的相信这个！而且，圣坛和王位的结合之所以成功，还因为受害者能带来经济上的好处。在整个中世纪宗教裁判所到处可见，其危险在于，宗教裁判所既是原告又是法官，受审者根本没有上诉的可能——而上诉制度早在古罗马时代就已经存在了。宗教裁判所的审判结果并不总是火刑，还有禁食、慈善义务、朝圣义务、佩戴代表异端论者的十字标志、没收财产、流放、毁坏其房屋、使其不受法律保护或剥夺市民权。如果教会没有感到真正的威胁，它也会做得温和一点，以显示自己的宽容。十二和十三世纪的几位哲学家和教授正'得益'于这种有限度的宽容慈悲，仅仅受到教士的监视。一般情况下，如果异端见解仅限于学者之间，没有流向大众，他们也没有呼吁百姓放弃信仰或教会，宗教裁判所就会睁一只眼闭一只眼。"

"可是，我还是看不出宗教裁判所有什么好的。"

"有道理，罗曼。可是，在严厉谴责宗教裁判所和它对异端的迫害时，也需要考虑罗马教会当时的处境，他们生怕失去影响力，认为若不坚决采取措施，教会就将分崩瓦解。"

"我同意您的说法——但是，中世纪的教会只是基督教的一种表现形式，它完全有可能被一个不看重钱财、不依靠政治权力、更符合基督精神和基督信仰的组织替代。"

"你又开始玄想了，斯特凡！"

"无论如何，中世纪的宗教裁判所与基督的宽容精神是相背离的。人们至今对此还保持沉默，将它看成遥远的年代里的一次失控，到现在，这历史上可怕的一页仍未得到整理和还原。"

几百年来基督徒都陷于恐惧之中

塞内克斯想了想，然后说："撒旦！不管愿不愿意我们都必须详细地谈谈魔鬼撒旦。撒旦是构筑西方文化的三大人物之一。"

"哪三位？"

"耶稣、马利亚和魔鬼撒旦。耶稣我们已经谈过了，马利亚后面还会讲到，现在我们先说说撒旦。几百年来关于魔鬼的传说从未间断，一代又一代的基督徒都非常害怕他。"

"还有对魔鬼的恐惧！"

"你说得对，斯特凡。撒旦的本源就在于对与自己不同的事物的憎恨和对性的厌恶。"

"这是为什么呢?"

"圣徒保罗就说过,两性结合只有在婚姻中才能进行……"

"甚至在婚姻中也是不自由的,摆脱不了良心的自责。"

"我相信,教会总是想方设法控制性行为,从而达到控制人的目的,"斯特凡插嘴道,"即便今天还是如此,想想那些反对手淫、避孕和同性恋的运动。到处都有魔鬼横插一脚。"

"对撒旦的迷信是怎么产生的?基督教以前那些古老的文化里显然没有撒旦,反正我们在古埃及、古希腊和古罗马都没有遇到。"

"撒旦可能最早出现在伊朗,是由查拉图斯特拉[①]在大约公元前500年创造的,是他将有关罪恶的想法引到了世界上。"

"但邪恶怎么可能在上帝的世界里存在?上帝难道不是至善至美而又全知全能的吗?"

"传说撒旦——或路西法[②]——想与上帝平起平坐,贝蕾妮克,因此大天使米迦勒便将他从天堂赶下地狱。所以撒旦是一个堕落了的天使。但《旧约》里并没有记载这个故事,它只出现在犹太传说中。直到《新约》中,这个地狱的主宰才以狰狞的面目出现,整个《新约》里都充斥着撒旦和他手下那些恶魔的邪恶行径。"

"撒旦是怎么进入《新约》的?"

[①] 大约生活在公元前600年左右的波斯宗教创始人。
[②] 意为光明的使者,是罗马神话中的晨星,曾被等同于《圣经》里的撒旦。

"可能是通过犹太教分裂出来的艾赛尼派①，贝蕾妮克。光明与黑暗的较量影响着他们的世界观。耶稣有可能是艾赛尼派教徒。犹太人没有地狱，但有'沉默和遗忘的处所'，那是一个'空寂的地方'，一片'没有归路的国土'。根据《约伯记》记载，那是'一座所有生者聚集的房屋'，里面既有好人也有坏人，既有国王也有奴隶。"

"不仅是罪犯，而是所有人——包括好人，都无一例外地要到那里去？"

"是的，贝蕾妮克。既不存在地狱，也没有什么炼狱。可是基督教却宣扬灵魂的得救，而拯救灵魂和获得永生，又与魔鬼、地狱和下地狱的诅咒之说是分不开的。这两者在中世纪无所不在，人们将魔鬼撒旦雕刻在教堂大门或椅凳脚上。就讲到这里吧，如果要我讲述魔鬼的所有故事，那就没完没了了。"

"几百万所谓女巫的死其实也是源于对魔鬼的迷信。"

"然而，斯特凡，那些聪明的僧侣都很清楚，不是魔鬼点燃了火刑架，而是那些像魔鬼一样的人干的。"

"今天不也是这样吗？教会仍在利用人们对魔鬼的恐惧。'谁不承认撒旦和恶魔的存在，谁就背离了《圣经》和教会的教义'，这是 1975 年教皇在有关教义的宗教会议上强调的。我知道这些，是因为我专门研究过。"

"斯特凡，天主教中有些《圣经》研究者对此持不同意见，

---

① 活跃在公元前 2 世纪至公元 1 世纪的犹太教派，主张禁欲苦修。

他们认为对魔鬼的迷信有着异教徒的色彩，根本不符合基督教精神，他们认为，并不需要将魔鬼补充到福音书中。"

普通人家的孩子

塞内克斯思索着，然后他说道："我刚才提过，构筑西方文化基础的一共有三大人物。先说了撒旦，因为他正好与我们的话题有关。现在我们再谈谈马利亚，她值得我们专门开一章。关于这位历史上真正的圣母我们所知甚少，她大概是个普通人家的孩子，嫁给了一个木匠。婚前她可能一直住在父母家，平日从井里打水，从仓里取粮，做饭织布。"

"就这些？她没有上过学吗？"

"没有，贝蕾妮克。一个女孩子得不到受教育的机会，她只需每天祈祷就是了。在犹太人那里，妇女由于所谓的不洁被隔离开来，她们住在专门的房子里，不能和男人一道吃饭，也不能主动跟他们说话。"

"耶稣诞生时，她有多大？"

"这就没人知道了，也许她还非常年轻，因为那时的姑娘十三岁就要嫁人了，有人推测说她十四岁就生下了耶稣。当然她有可能更大一些，如《圣经》所述，她在耶稣之前已经生过孩子，甚至这些孩子还有可能是前一次婚姻中所生的。"

"什么？所以上帝没有挑童贞女来做圣母，而是选了一个曾结过婚的女子?"

"是的,妮克,"斯特凡说道,"我们在罗马时谈过这点。"

"可为什么没人了解实情?"

"因为关于她的传说被一改再改。"

"也就是说,她的身世是编造的?"

"这个么,在《新约》里最早提到耶稣的四个兄弟,后来他们又被说成了继兄弟,再后来干脆变成了堂兄弟。"

"圣母为什么一定要是童贞女呢?"

"贝蕾妮克,我们马上就该谈到童贞女生子的现象。在早期的文化里这种事随处可见,几乎没有一个神或者半神不是这样出生的。就连古埃及法老的身世也蒙上了这样的传说,而这些传说都来自人类初期。那时的人们相信妇女可以独自创造新生命,当然,如果有一个看不见的神灵介入,就更神奇了!"

"我明白了,也就是说,耶稣不可能有一个人类的父亲。"

"你说得对,贝蕾妮克。圣徒保罗没有提到童贞女生子的事,后来的《路加福音》和《马太福音》才提到。"

"公元649年的拉特兰宗教会议确定马利亚是'永远的童贞女',这意味着,她的童贞在生育前、生产中和产后都没有破,她成了母亲,却没有被'弄脏'。"

"如果我没理解错的话,教会将一个古老的象征说成了生物学上的事实。"

"人们需要一位女性认同的形象,斯特凡。当今一位有名的女神学家认为,如果没有圣母马利亚,仅凭耶稣一人,基督教是不会有这么大的吸引力的。母性在任何一个宗教里都起着巨大的作用。公元431年在以弗所举行的由教皇主持的宗教会议上人们宣布马利亚为'Theotokos',意思是'上帝的分娩者'。"

"但童贞崇拜也造成了对妇女的敌视。"

"是的,贝蕾妮克。这一点不可否认。马利亚成了所谓邪恶的夏娃的对立面,她是受人爱戴的圣母,而夏娃却是魔鬼的工具。人们让马利亚在神秘的光辉里闪耀,而夏娃则一直被当成女巫。人们认为,夏娃将原罪传播到其他妇女身上,而圣母马利亚则散发着越来越多的魅力,她体现了夏娃所没有的一切优良品德:贞洁、谦卑、恭顺和屈从。中世纪到处是对圣母的赞美,与此同时,马利亚的崇拜者告诫大家要警惕凡间的妇女。"

"马利亚是完美的化身!"

"老百姓肯定这样认为。普通的妇女和母亲在马利亚姐妹般的形象里找到了安慰和希望。人们不可能对别的什么形象产生类似的敬畏,也不会有另外一个形象能获得人们如此大的敬仰。僧侣为她吟唱最美丽的赞美歌。我们知道,对马利亚的崇拜无限地充实了艺术。几百年来,教会的男人充当着现行道德的捍卫者,爱着一个根本不存在的理想女性。所以那些饱受压迫的妇女负担更重了。教会要求她们以脱离实际的道德贞操观为准则,将自己看作一切罪恶的根源。"

"我又想起了这个可怜的犹太姑娘,她天天祈祷、织布,十三岁嫁给了一个自己并不爱的木匠,根本无法上学,"贝蕾妮克嘟囔着,"人们骗取了她理应拥有的一切……然后又将她百般美化！"

"这再次证明，人既不想知道真相，也不愿接受事实。人类情愿相信可以轻而易举戳穿的童话。"

塞内克斯举起手来："斯特凡，有些深刻的真理会超出理智的确证范围。马利亚身上集中了在其他任何人身上都没有的希望，那是人类最深层的渴望，特别是那些受苦受难的人，没有人真的去怀疑。"

妇女在两百种行业中劳动

"我们还是再谈谈那些普通的妇女吧。"塞内克斯提议道。

"那些不结婚的妇女为了糊口不得不劳动。在农村，已婚妇女和年轻女孩必须下地干活，包括最繁重的田间劳作。她们的报酬总比男人低，得到的食物也比男人少。在城市里她们也靠自己的劳动谋生。她们做蜡烛、卖铁器、织渔网、加工皮毛、制鞋等等，甚至还有当金匠的。在十四世纪的法兰克福，妇女在两百多种行业里劳动。甚至还出现了妇女行会，纺丝女工经过培训也可成为女教师。女孩十二岁之后就被送到师傅那里去学手艺。"

"那么妇女都很独立吗？"

"一般是这样，贝蕾妮克。在一些城市，妇女甚至垄断了某种行业。然而，即便妇女能够独立工作并有所成就，赢得社会的尊重，她们也不能进入男子同业行会。"

"女教师的情况如何？"

"一般来说，男人反对妇女当教师或者参加公开辩论。不过妇女还是逐渐渗入了这个行业。有些女教师同时还是洗衣妇或修女，她们在由修道院学校、街道学校、私人学校及城市学校组成的大杂烩里教书。"

"女孩子也可以上学吗？"

"可以，但只有少数人学习阅读、写字和计算的本领，当然她们更不可能掌握拉丁语了，这些人大多来自工匠家庭或小市民阶层。拉丁语一般只有男孩才学，特别是那些想当僧侣或其他神职人员的男孩。"

效法基督的团体

"僧侣——我们经常谈到修道院和僧侣，他们在中世纪起了非常重要的作用。僧侣不一定都是宗教狂热分子，他们中的大多数人满怀信仰，而且在文化方面做出了杰出的贡献。"

"是的，罗曼，僧侣在社会等级上超过所有其他阶层。婚姻为生育服务，僧侣则为上帝服务。他们给中世纪的文化打下深深的烙印。他们日常的生活就是祈祷、进食、劳动、布道、礼拜、照顾病人和冥想。许多修道院也是科学研究中心。除此之外，他们还开垦土地、建桥修路，当然主要是参加修道院和教堂的修建工作。妇女也能在修道院里获得安全感，她们在那里教育女孩、照顾穷人。"

"这还不够吗?"贝蕾妮克叫起来,"这对她们来说无非是一种囚禁。"

"尽管如此,许多妇女仍在修道院的姐妹中、在自己的虔诚信仰里找到了安全感。——这个话题就谈到这儿吧。"

中世纪最黑暗的一章

塞内克斯稍微停顿了一会儿,看得出来他内心的思想斗争很激烈。他犹豫着是否应该继续说下去,最终还是开口了:"我感到很为难,但我们无论如何不应将这最黑暗的一章、这人类史上最可怕的一段一笔略过。就内容来说它属于我们刚刚谈过的'妇女'这个话题。它历时几百年,但在文艺复兴末期和宗教改革期间达到恐怖的顶点,是啊,我们可以这么说,这种邪恶正是在新时代到来之际才更加猖獗。它似乎并没出现在所谓'黑暗的中世纪',我称它为文艺复兴带有的罪恶印记。"

"您指的是对女巫的审判!"

"我指的是那种相信女人能变成巫婆的疯狂想法,斯特凡,这种想法当然源于迷信……"

"或者是信仰。可是迷信和信仰之间的界限又怎么能划得清呢,塞内克斯?它们之间只有一种渐次的而非绝对的区别。"

"我们还是让心理学家和神学家来回答这个问题吧。当时人们认为女人能变成巫婆,这种疯狂的想法比反犹主义更难以解释,后者还有能说出来的深层原因,即人们认为犹太人要为基督被钉死在十字架上承担罪责。但在女巫的问题上,人们毫无根据地坚信魔鬼能将其力量附着到人类身上。所有的人从小就被灌输了这种可怕的想法,他们都坚信必须烧死女巫和巫师。"

"巫师也要被烧死吗?我还以为,这种疯狂的举动只是针对女人!"

"并非全然如此,贝蕾妮克。在某些地区这种迷信的受害者只有男人,不过受害的男性比那些悲惨死去的女人少很多。不仅仅是老年妇女,还有年轻女子,甚至小孩都可能成为这种迷信的受害者。在这些受害者中,除了接生婆之外,女厨子和懂医术的聪明女人首当其冲。"

"怎么会这样子?"

"也许人灵魂的运转是一个不可抑制的机械过程,在这一过程中,一个极微小的动作最终都可能酿成不可估量的震撼。这类精神现象会像瘟疫一样扩散,毫无根据的传言有如细菌一样迅速增生蔓延,无法用理智解释。相信女人能变成巫婆的狂热迷信就是这样一种精神瘟疫。"

"所有的思想都是这样的精神瘟疫!"

"很遗憾,是这样的,斯特凡。甚至有名望的机构,包括许多大学的法律系也加入了打击所谓女巫的运动中。无数学者、有教养的人、文学家对女巫和魔鬼的存在深信不疑。知识渊博的法学专家、大学教授和学者为这种迷信提供'科学'依据,他们不仅为刑讯和死刑辩护，而且迫不及待地大声呼吁行动。他们还专门制定了一本法典——所谓的《女巫之槌》，里面包括了审判过程的详细规则。官方认可的宗教裁判官可以根据法典里的各种规定来审判女巫。在这一点上，就连宗教改革家路德和加尔文也与学者们，甚至与他们最大的敌人——教皇的意见一致。教皇说过，他对女巫毫无怜悯之心，会把她们全部烧死。宗教改革家们则在翻译成德文的《圣经》里为这可怕的烈火找到了足够的理由。可悲但却真实的是，天主教徒和新教徒都争先恐后地将女巫推上火刑架。"

"可这到底是为了什么？"

"唉，贝蕾妮克，这些不幸的女人可以因为任何事被人举报，人们指控她们呼风唤雨、使乳牛断奶，还指控她们对病人施巫术——这里我根本不想一一列举。在宗教裁判所里，审讯官先公布她们的'犯罪'细节，而这些莫须有的罪名是这些被指控的可怜人根本不知道的，在刑讯时，审讯官又会逼迫她们供认这些'罪行'。"

"可我还是不明白，为什么妇女备受其害。"

"对此有许多研究材料和堆积成山的文献，最深的根源肯定在于性别仇视，那时的教会就是据此对妇女进行迫害的。他们认为，女人是万恶之源，是专门引诱男人的。教义说，蛇在伊甸园里咬了夏娃并非偶然。《女巫之槌》的作者们写道：'每种巫术都源于肉体的快乐，而女人对这种快乐是永不满足的。'而且，男人总是享有特权，因为耶稣就是男人。人们相信，男人是由上帝直接创造的，女人不过是男人身上的一根肋骨。"

整个地区的人都被赶尽杀绝

塞内克斯接着说道："遭受迫害的主要是接生婆。"

"为什么？难道人们不应为她们的工作心怀感激吗？"

"本该如此，贝蕾妮克，而且不应该好坏不分。教会认为，那个'与魔鬼私通的女巫团伙'之所以如此猖獗，就是因为女巫在接生时对孩子施了巫术。举报的人越来越多，人们对所谓女巫的迷信也迅速蔓延，到处是熊熊燃烧的柴火堆，整座村庄，甚至整个地区都被赶尽杀绝。刑讯是十五世纪初开始采用的，起先得到了法庭的默许，到了1535年，查理五世在雷根斯堡会议上将刑讯合法化，确认女巫应当被烧死。虽然按所谓的'死罪法庭刑讯规则'，审判过程中应当排除迷信的成分，被告只有通过两个证人的证词或本人坦白才能被定罪，也就是说不再借助上帝的审判（如通过火刑验罪法[①]）来判决。这么看来，'死罪法庭刑讯规则'还体现出了理智的胜利，但它又允许'在足够的怀疑下'使用刑讯，因为若非如此，如何能将犯人屈打成招？我们在设计进化公园时考虑了许久，不知道该不该让你们体验焚烧女巫的真实场面。虽然我们打心底里不愿意，但是考虑到这个可怕话题的重

---

① 中世纪法庭采用的一种判决方法。具体做法是：被告需要赤脚走过烧红的犁头或手持烧红的烙铁走一段距离，如不被烧伤或伤口在短时间内痊愈，则判无罪。

大意义以及它暴露出的人性罪恶，我们决定向你们展示不那么恐怖的相关场景。当然，这实在令人难以接受——你们还是自己看吧……"

灰色的浓烟蒙蔽了天空

塞内克斯做了一个手势，他们面前出现了一面像是来自汽车电影院的拱形幕布，让人觉得如同身在一座中世纪的城市里，周围是褐色的木架房屋，对面耸立着一座大教堂，上面有窗户、扶垛、塑像和滴水嘴。教堂前挤满了人，一些身着黑衣的僧侣站在最前面。

"他们是多明我会成员。"塞内克斯解释道。僧侣们吟唱着赞美诗。

"这是当时的一首新歌，它表现了那个年代对死亡的巨大恐惧。"塞内克斯说。这歌听起来阴森森的，非常恐怖。广场被隔出一块空地，手执长矛的男人紧挨着站成几排，但还是无法控制住拥挤的人群。教堂的大门前，在一棵剥了皮的、一人高的树干下摞起了一大堆劈柴，上面堆满了干草、干柴枝和浇着沥青的小树枝。只听一个女人尖叫道："女巫！女巫！时辰到了！"

"她犯了什么罪？"贝蕾妮克轻声问道，她已经被这场景震住了，忘了自己是在看戏。

"她被指控与魔鬼私通。"

"她承认了吗？"

"是的，只有这样她才能摆脱那难以忍受的严刑逼问。他们打断了她的胳膊和腿，压碎了她的手。她被控告用巫术将孩子杀死在摇篮里！"广场上喧哗声不断，乱成一团。那女人过来了，是一个差役背过来的，因为她根本无法行走。刽子手和差役跟在后面，宗教裁判所将她交给世俗法院。接着，世俗法院的人宣布判决，四周站满了全副武装的差役。这时似乎每一个人都惊呆了，大家僵在那里。女人毫无血色的脸上只有那双呆滞的眼睛在冒光。罗曼和斯特凡真真切切地感受到了这女人的恐惧。

贝蕾妮克喃喃道："她一定吓傻了！"

"在惨遭刑讯的万般折磨后，她已筋疲力尽，根本无力反抗了。"塞内克斯说。

差役放下女人，把她拖到柴火堆边，举放在火刑架上，再将她同树干紧紧绑在一起。女人摇摇晃晃地直了直身子，然后又无力地垂下头。这时，意外的事情发生了——这个女人开始呼喊上帝，向上天求助。

"她在亵渎神灵！"站在前面的一个围观者叫了起来。两个手举熊熊燃烧火把的差役走向前去。人群中响起一阵呼喊声："烧死她！烧死她！"干草被点着了，柴火堆马上在三个地方同时燃烧起来。

"以圣父、圣子和圣灵的名义。"神父说着在胸前画了个十字。木柴噼里啪啦响成一片，火焰蹿了上去，灰色的浓烟遮住了天空。人们又一次看到这个女人的眼睛——浓浓的烟雾中露出的一双充满无名恐惧的眼睛。鲜红色的火球腾空而起,浓烟笼罩着教堂的大门。烟雾升到空中,乌云片片。柴火堆在燃烧。银幕上的图像消失了,幕布也不见了,一片黑暗。塞内克斯特意留出些时间让三个青年缓和心绪。过了一会儿才说道:"我们以此纪念圣女贞德,她于1431年在法国的里昂被烧死。她一定是被害女巫中最有名的一个了。"

一派胡言

"可那个年代真的过去了吗?"斯特凡问道,"疯狂并没有被战胜,只是不再以这种形式出现罢了!"斯特凡激愤得说话有点结巴,但马上又恢复了正常。他嘟囔道:"不,不,我本来不愿提起希特勒对犹太人的屠杀,但它不是与焚烧女巫有一样的根源吗?"

"我永远也不会明白,人怎么会变得如此疯狂。"罗曼说。

"可是为什么有那么多人相信巫术的存在呢?"

"他们怎么能不相信呢?贝蕾妮克。当时的教会和那么多的学者都在宣扬巫术怎样害人,宗教法庭的诉讼更是将巫术渲染得有声有色。如果连教士都相信的确有巫术这种玄妙的伎俩存在,用刑讯和火刑来对付女巫,一般的老百姓怎么能不陷入对魔鬼的极度恐惧呢?"

"是的,人们的确很难对此加以美化。教会——或者说,那些组成了教会的人——煽动人深信女巫的存在。尤其是在中世纪，我们必须将基督教与作为一个组织机构的教会区分开来。我承认，这并非易事。1484 至 1492 年在位的教皇英诺森八世的训谕最为臭名昭著。我不想详细援引其中那些恶心的言论，只举一个例子——他说，那些跟女巫淫乱的魔鬼不但灭绝种子，而且还消灭男人、女人、绵羊和牛。"

"真是一派胡言！"

"但这种言论的后果却是毁灭性的，斯特凡。我要再次提到 1489 年在斯特拉斯堡出版的《女巫之槌》。书中的每一页几乎都袒露着作者对性的变态心理。"

"这事就发生在谷登堡的第一本《圣经》出版后的三十年？"

"是的，罗曼。《女巫之槌》无疑是历史上最丑恶、影响最恶劣的书。更为灾难性的是该书的出版使得教皇训谕作为最具权威的言论迅速传播。直到 1669 年的大约二百年间，教皇训谕在二十九版《女巫之槌》中被印了出来。"

"可是，教皇也饱受对魔鬼恐惧的摧残吗？"

"教皇和教士也是那个时代的人呀。"

"难道就没人站出来反对这种无稽之谈吗？"罗曼气馁地小声问道。

"太少了。瑞典女王克里斯蒂娜曾竭力制止对女巫的迫害，可惜理智的时代来得太慢了。"

魔鬼的居室

"我还想再解释一下,"塞内克斯说,"讲魔鬼的书,即告诉人们如何与对自己有所帮助的魔鬼建立联系的书籍在中世纪极受欢迎,在1568年仅一个书商就售出了一千二百本!浮士德博士的传说在整个中世纪都广为流传,主要是因为他与魔鬼缔结了契约。路德也称世界是魔鬼的居室:'不论去到哪里,魔鬼都像主人一样驻守。'但是我也能举出几位反对巫术迷信的人,他们是最早站出来反对残害女巫的。第一位是与皇帝弗里德里希二世处于同一时期的英国哲学家罗杰·培根。他试图以数学和自然科学的研究成果反对脱离实际的经院哲学。令人遗憾的是,弗里德里希二世本人认可并支持火刑,我们曾经提到过这点。"

"这也许证明了不能将全部错误都归咎于教会。"罗曼说道。

"可是以传播爱为大任的宗教却没能阻止这场残忍的悲剧,罗曼。"

"罗杰·培根写过一封信,指出魔鬼巫术根本就是无稽之谈,他勇敢地向中世纪受教会制约的狭隘思想提出了质疑。"塞内克斯接着说道。

"这么说总算还有理智的曙光?"斯特凡的精神为之一振,"别人听他的吗?"

"没有人听,斯特凡。培根的著作遭到查禁,他本人也被关进了监狱。不过,处在千年之交时的中世纪教会还算节制,它至少拒绝接受'女巫骑着扫帚飞来飞去'之类的鬼话。但后来的教会进一步鼓吹迷信，中世纪中期的经院哲学，尤其是托马斯·阿奎那应该为这种迷信承担责任。托马斯·阿奎那用混乱的辩证法研究了以幻体出现的神魔如何使妇女受孕。他还认为，女魔，即那些与世人私通的魔鬼，吸取了熟睡的男人的精子并迅速地放到女人的阴道里。我说这些，并不是为了诋毁这位著名的精神领袖，而是要说明愚蠢的思想是如何在人（包括最聪明的人）的头脑中扎根的。怎么能将责任推到大众身上呢？这位机智敏锐的经院哲学家还总结说，这样生下来的孩子并非魔鬼的孩子，而是'被吸走了精子的男人'的孩子。托马斯·阿奎那肯定对自己的见解深信不疑。对魔鬼的恐惧和对女巫的迷信带来了一场疯狂的闹剧，托马斯·阿奎那则是这场闹剧的始作俑者。"

"他居然还被奉为圣人。"斯特凡嘟囔道。

"虽然我并不想贬低托马斯·阿奎那的贡献，但确实有些人比他更有头脑——比如那个知名度低得多的巴黎大学教授威廉·阿德琳，他宣称女巫狂欢节是一种幻想。"

"那他后来怎么样了吗？"

"他被判处终身监禁，"塞内克斯回答道，"只关了四年。"

"他被释放了？"

"没有，罗曼，他惨死在狱中。尽管如此，各方争议仍此起彼伏。后来甚至出现了这样的情况：一方面，罗马宗教裁判所告诫神父，要向老百姓解释巫术的荒谬；另一方面，1623年，教皇格里高利十五世要求处死利用巫术杀人的人。1637年，教皇乌尔班八世批评宗教裁判所对女巫的肆意迫害。不过，令人吃惊的是，女巫迷信在南部国家并不突出，在意大利、西班牙和葡萄牙，天主教会和宗教裁判所的地位是不可动摇的，他们掌握一切权力，但这里只出现了为数很少的女巫审判案，而且还是以最温和的方式处理的。十六世纪以来，西班牙和意大利发生的女巫迫害案数量仅为全欧洲的十分之一。当然，迫害女巫的情况很普遍，从葡萄牙到俄国、从苏格兰到西西里处处可见，而发生在德国和瑞士领土的迫害最为残忍。实际上，随着文艺复兴运动的兴起，教皇的权力逐步瓦解，国家已经争取到了更多的司法审判权，但迫害事件反倒急剧增加。在十六和十七世纪，越来越多的宗教裁判官反对严惩女巫，一般只会罚款，但世俗法庭却无所顾忌。"

最可怕的一本书

"皇帝的态度怎样？"罗曼问道。

"1568年，马克西米利安二世发布政令，要求所有的供词都必须受到审查，让被告公开表演巫术作为证据，最严厉的惩处也不过是流放。"

"总算有了一线光明。"罗曼喃喃道。

"这线光明来自米兰的方济各会修士卡西尼[①]，他激烈反对所

[①] 生于意大利的法国天文学家，曾任巴黎天文台台长，土星的四颗卫星和土星光环中间的缝隙就是他发现的。

谓魔鬼可以背着人飞去过女巫狂欢节的说法。令人惊奇的是，除了收到多明我派修道会的抗议信外，他没有遭到迫害。1596年，特里尔大主教下令烧死一百二十人，理由是他们借助魔鬼的力量使严寒的冬天持续太久。另一个人们认为比较开明的人——萨克森的选帝侯奥古斯特也在1572年下令处死所有女巫，然而她们谁都没有伤害过。同时受到两个基督教教派承认的伊拉斯谟是著名的天主教人道主义者，他声言，所谓与魔鬼的契约既不存在于罗马法典中，也不存在于天主教的法规里，纯粹是人臆想出来的。"

"您前面提到过《女巫之槌》，"罗曼心情沉重地说道，"说这是所有被印刷出来的书中最可怕的一本。"

"我认为它是媒体给社会造成危害的最早例证之一，罗曼。这本印刷便宜的书造成的后果是严重的——今天的媒体也常常如此。《女巫之槌》传播迷信，渲染对魔鬼的恐惧，煽动轻信者的情绪，使他们变得不可理喻而残忍地迫害他人。"

"《女巫之槌》出版后，对女巫的残害有增无减，是吗？"

"是的，贝蕾妮克。这种残害在十六七世纪愈演愈烈，席卷整个欧洲，连斯堪的纳维亚和英格兰也在所难免。这本用拉丁语写的书在全欧洲，包括意大利，一再再版发行。审判女巫的法官把它当成指导手册。"

"可是，几百年来难道就连一个持反对意见的教皇都没有吗？"

塞内克斯摇了摇头："1749年在维尔茨堡还有焚烧女巫的事件，最后一次迫害案大概发生在1793年的波兹南。"

理智的人越来越多

"什么时候这种疯狂才告结束呢?"

"正如我说过的,贝蕾妮克,理智的呼声越来越响。我想特别提一下德国天主教耶稣会教士、诗人弗里德里希·冯·施佩,他听取了近二百名被控施巫术的人的忏悔,并在自己的书中严厉谴责了迫害女巫的行径。实际上他已不再属于中世纪,而是巴洛克时代的人物。他虽然相信女巫存在,但反对在毫无根据的情况下滥捕无辜、虚假审判和严刑拷问。他说,在这种酷刑的摧残下'就是教会的学者和主教也会被屈打成招的'。渐渐地,对女巫的迫害平息了。1633年后,德国的三十年战争失去了宗教色彩,变成了一场争权夺利的政治斗争,信仰失去了力量,而这种力量曾在人心中制造出敌对和仇恨。新建的学院和大学给学者们带来了一股新鲜的空气,以理智为中心的思想方式逐渐形成,在它的指引下,一种现实的、注重今生今世的生命观重新得到尊重。"

"有多少人,或者说有多少女人受到过残害?"

"绝大部分文件都被销毁了。最高的估计数字为九百万,也有些人认为'只有'六万被烧死的女巫,我认为肯定远远不止这些,因为仅仅十七世纪的德国就有十万个柴火堆在燃烧。"

"能暂停一下吗?我想缓缓。"贝蕾妮克请求道。

"我给你们讲一个小故事吧。这故事虽然与公园没有直接关系——因为进化公园的内容只限于地中海范围,但再也没有比它更适合给这阴暗的一章带来轻松转折的故事了。1644年生于伦敦的贵格会①教徒威廉·潘是宾夕法尼亚州的建立者和统治者,他曾问一个被告:'你是女巫吗?你骑扫帚在空中飞来飞去吗?'当这个女人做了肯定的回答后,他说道:'你完全有权利这么做!'"

"多么聪明的人。"贝蕾妮克说道。

永远被奴役的犹太人

"我们没有忘了什么重要的事吗?"斯特凡问,"与女巫这个话题有关的还应该有对犹太人的仇恨和迫害吧?"

"你说得对。教会之父奥古斯丁,这位古代欧洲最重要的教会学者,在公元4世纪就提出犹太人应该永远被奴役。托马斯·阿奎那则说得更为露骨:'犹太人将永远被奴役,王侯可以占有他们在世间的一切。'他还说过:'犹太人是教会的奴隶,教会可以任意处置犹太人的财产。'"

"也包括随意处置他们的生命吗?"

"财产和生命本来就无法完全分开,罗曼。弗里德里希二世接纳犹太人为'内室侍从',看起来好像是在保护他们,实际是借这种'保护'行使自己的权力,他之后的所有统治者都毫不顾忌地这样做。在迫害犹太人的手段和动机方面,教会与政权都不

---

① 基督教的一个教派。又称教友派、公谊会。

甘落后，且经常携手合作，正是一些杰出的人物煽动了憎恨犹太人的情绪。马丁·路德和皇帝卡尔四世都站在反犹排犹的最前线，后者甚至还与很多城市缔结杀害犹太人的条约。他声称，皇帝在权力范围之内可以对犹太人'为所欲为'。1349年6月，卡尔四世将处置法兰克福犹太人的权力交给城市，换取了数目可观的钱财。他等于是将犹太人完完全全地高价卖了——'他们的身体和财产，他们的庄园、房屋、教堂和学校，他们的田产和遗产'。他还预先保证，即使这些犹太人死了，城市也可免受处罚。仅仅几星期之后，法兰克福人便突袭犹太人，犹太人绝望地焚烧自己的房屋，许多人葬身火海，他们的财产则被没收充公。卡尔四世还与纽伦堡做交易，专门就谋杀犹太人和抢夺他们的财产缔结条约。更多的例子不需要我再讲了，你们自己想得到，类似的事情在其他城市也发生着。"

"这种对犹太人的血腥屠杀与希特勒惨绝人寰的大灭绝真是一脉相承。"斯特凡喃喃。

"可以肯定的是，中世纪的人被黑暗的想象困扰，受尽各种恐惧的折磨，让他们正常地和犹太人打交道并不是轻松的事。犹太教严格的宗教法规对许多基督徒来说是荒唐且不可理解的。犹太人自己也希望与异教徒隔离开来，认为只有犹太人才是被上帝选中的民族。"

"可这并不能成为残杀他们的理由啊！"斯特凡激愤地大声说道，"而且——为什么犹太人在摩尔人时期的西班牙就能和其他宗教和平共处，而在基督教国家却不行？那时他们的风俗习惯与在法兰克福或布拉格并没什么不同！"

"西班牙的基督徒对犹太人是不是要宽容些？"

"可惜不是，贝蕾妮克，西班牙是个天主教国家，那里的教会和宗教裁判所比其他任何地方都强大。斯特凡刚才特别提到摩尔人时期，他说的是对的。在十五世纪，当费尔南多和伊莎贝尔（这两位我们在讲哥伦布时提到过）将摩尔人驱逐出去之后，犹太人的生存环境彻底改变了。宗教裁判所大施淫威，他们甚至拒绝给那些愿意皈依天主教的犹太人受洗，因为他们不相信犹太人会改变信仰。1492 年下达的有关犹太人的诏书里列举了对犹太人的种种指责，并下令驱逐犹太人。大约有二十万犹太人陷入了悲惨境地：有的在海上丧命，有的落到海盗手里被当作奴隶卖掉，饱受病痛和饥饿的折磨。可他们的金银财宝却不得不留在西班牙。他们中大约有一半人逃到了葡萄牙，而在那里也只有虚假的'幸福'，成年人被强迫接受洗礼，年幼的孩子则被强行从父母身边带走。"

斯特凡摇了摇头："我无法想象还有哪种宗教像基督教那样犯下这么多的罪行。"然后他转向塞内克斯说道，"也许你能告诉我，基督教到底给西方带来了什么好处。"

基督教和教会

千百年来教会激发了艺术的灵感

塞内克斯思索了一会儿才回答:"基督教带来的益处肯定比它摧毁的要多。基督教给西方世界带来了秩序与和平(虽然并不总是这样)。它也有善良而智慧的教皇、主教和神父。请想想那些开垦森林、给沼泽地排水的僧侣,他们为无数人创造了生活的空间。斯特凡,你必须承认,西方社会的历史与基督教是分不开的。历史无法假设,没有'如果……''如果不是……'。你也不能将早期的教会、中世纪的教会与今天的教会完全等同起来。因为教会总是由那个时代的人组成的。教会永远无法传达纯粹的基督福音,它永远都是人造的作品。不管怎么说,教会还是为整个欧洲编织了一张精神文化的网。"

"想想基督教的艺术,斯特凡——倘若没有教会,没有那些修道院、大教堂、圣坛、绘画、雕塑、诗文和书籍,我们的文化会是个什么样子？宗教激发了成千上万的建筑师、雕塑家、画家、诗人和音乐家的灵感。"

"可是，罗曼，你不能这么说，好像是基督教造就了艺术，没有教会欧洲就没有艺术了。两千年来艺术家们只盯着耶稣、马利亚和圣徒。在这种情况下，自由的精神又怎能得到发展呢，更别说真理了。"

"我认为，基督教是否建立在真理的基础上并不重要，"罗曼说道，"没有它，世界就会贫乏得多——这就足够了。在认真思考过去几天里所看到、体验到的东西时（这也是我长期以来一直在考虑的问题），我会觉得近两千年来的教会满足了人们对宗教的需要，这非常重要。"

"罗曼说得对，"塞内克斯插嘴道，"宗教一直给人以支撑，今天仍是如此。"

"你对基督教进行了抨击，斯特凡，在许多问题上我赞同你的观点，"罗曼说道，"的确，这些以教会的名义施行的恐怖行为，能使一个真正的基督徒动摇自己的信仰。"

"但教会也培养了一批学者、哲学家、法官、外交家和政治家，他们中有些人后来成了教会最严厉的批评者，"塞内克斯说道，"中世纪还孕育了新的文化阶层，其最活跃的代表就是那些四处漫游的大学生。这些倔强的年轻人勇于反抗，就社会、贵族、教士、教会的等级制度和教会的财富进行了尖锐而激烈的批评。他们笑闹着、唱着走过各地——这也是西方社会的一项文化成就，正如欧洲的大学是中世纪送给新时代的礼物一样。

往往是教皇将大学从主管教区的主教手里解放出来，使大学生和教授自由发展。事实是，教会不仅促进了艺术，而且（虽然往往是无意的）促进了科学的发展，在我看来，这是它们为人类文化发展做出的最伟大的贡献。"

共同的信仰使人感到彼此息息相关

"我不理解，您说的这些并不能使我信服，我还得重复我的问题，那就是，没有基督教和教会，没有这么多的折磨、迫害和犯罪，文化是否也能得到发展——或许它的发展会更顺利、更完美、更自然吧？"

"这个问题永远也得不到合理的回答，斯特凡，"塞内克斯说道，"没人能证明，因此猜测是多余的。教会为欧洲各民族提供了统一的道德准则，拉丁语是早期文化领袖的通用语言。共同的信仰使人感到彼此息息相关，教会可以（虽然这点并非毫无争议）成为最终对所有人都有效的主管机构，甚至能约束某些君主毫无节制的行为，从而促进和平。"

"难道大多数战争不是打着宗教的幌子进行的吗？"

"是的，你说的没错，斯特凡。你当然可以保留你的意见。我并不是说只有我的意见是对的，我只是希望，你们都能思考一下！"塞内克斯沉默着喝完杯中酒，然后说道："今天就到这儿吧。我担心今晚所谈的内容对于你们来说已经太多了。我要走了,祝你们晚安。"

他的突然告别使三个伙伴吃了一惊。塞内克斯站起身来,向他们点点头,随即便消失在黑夜里。

几乎同时,城里的教堂钟楼传来了敲钟声。已经十二点了。

午夜之后

尾　声[1]

现在只剩下三个伙伴了。他们品着酒，沉思着。

终于，斯特凡开口了："我想，我们正处于这次漫游的转折点。看到人们如此受信仰的奴役，我感到震惊和难过。我更加确信，信仰带来的坏处比好处要多。"

"真能这样一概而论吗？"贝蕾妮克问道，"信仰也赐予人许多幸福和安慰。"

"是的，如果它没有变成一种疯狂的话，但信仰往往会使人疯狂，特别是当它不容怀疑的时候——这点我们从历史上看得太多了。"斯特凡回答道，"想想十字军、残害女巫、焚烧异端、迫害犹太人及压制科学。我从来没有像现在这么清楚地认识到，人是一种疯狂的动物，弗里德里希·尼采也说过类似的话。我们的文化自古罗马起就由三个虚构的人物主宰着，这难道不令人震

---

[1] 本书的德文原版分为两册，此处为第一册的尾声，也是旅程的暂歇点，接下来他们将进入很不一样的时代。

惊吗？"

"你指的是谁，斯特凡？"罗曼问道。

"作为上帝之子的基督、圣母马利亚和邪恶的化身撒旦。没有任何事物能在影响力方面超过他们。我们看到无数教堂、神学家、神职人员、教团、修道院，但有一样东西没看到，那就是上帝的儿子——伟大的救世主。所以，从这个意义上说，马利亚和撒旦也不存在，后者甚至连一个历史原型都没有。这么看来，每一座教堂的尖塔不都是人类疯狂的象征吗？"

"不，不！"贝蕾妮克连忙大声叫道，"每一座教堂的尖塔都体现了人类的希望！你的评价太片面了，斯特凡。我认为，这正好证明了三位人物的巨大作用，他们是真实的，因为不存在的就不会起作用，不是吗？这正是这次漫游向我揭示的。"

"另外，"罗曼说道，"即使真实情况和你所说的一样，斯特凡，它也证实了人类是可爱又令人惊奇的造物，这是我的认识。在此我想到的不仅是那些伟大的名字，还有那些竭尽全力为生活挣扎的、善良的、乐于助人的普通人。总而言之，我的感觉是，人类还没有发育成熟，我们还在发展——当然希望是朝着好的方面！我们三个才刚刚来到中世纪的末期，将来的几天（我指的当然是未来的几百年）我们将看到完全不同的事物，我已经有些迫不及待了。我认为，人类的发展，从最早的混沌时期到伽利略，再进入后来的时期，真是令人震惊。谁知道这种发展会将我们带到何处？"

贝蕾妮克点头道："从现在开始才变得有些意思了！看到女

性在古希腊和基督教统治的几个世纪备受屈辱和压迫，令我一次次气愤难平。当然，我们女性现在也没有完全被平等对待，但我还是为自己能生活在今天而感到庆幸。我有这么多的自由！在发生了那么多变化之后，我猜想，从现在开始就能亲身体验到这种解放了。"

"我也是这么想的。"斯特凡表示赞同，"我还想就我刚才的看法说几句。我看到，人类是宗教的发明者和神的创造者。起先，我们崇拜并畏惧电闪雷鸣、水和地神，然后我们膜拜太阳，接着是宙斯——或朱庇特，再接着是耶和华，最终我们创造出基督教，接着该是什么呢？人是很不安分的造物，永远都不满足。我想，下一步该是对宇宙的崇拜了。我希望，这是理性的胜利，因为只有作为理智思考的人，我们才可以生存下来。"

"你所说的理性肯定不会是过激的物质主义吧？"罗曼想弄清楚。

"不，不，这两者常被混淆，但这是完全错误的。关于理性我们还会讨论许多，我期待着！"

"而我期望，妇女能在由男人主宰的世界里得到适合她们的位置，不只是作为个别现象，而是普遍性的！"贝蕾妮克大声说，"我们在这条路上还会遇到谁呢？"

斯特凡还很固执。"理性……"他说道，"它还从来没有实现过。信仰总是节节胜利，它比思考要来得简单。人不需要学习就可以去信仰，只要有梦想、乐于被别人引导就行，寻求真理可费劲多了。若不是这样，就会有更多的人去研究自然科学、宇宙和天文学，而不是去琢磨天堂；去研究进化而不是灵魂的不灭。这也是我在这五天里得到的启示。"

"可信仰并不是无知，"罗曼叫道，"信仰是知识的补充，它带领我们进入了理智永远无法进入的空间。"

"我也这么认为，"贝蕾妮克说道，"即使人类的理智不断进入新的领域，它还是不能揭开最终的谜底。因此，就女性而言，即使将来有了更多的女科学家，也仍然还会有许多对未来充满幻想的女神秘主义者。"

斯特凡沉默了，对此他无言以对。

罗曼也在思考这个问题，他说："扪心自问，我能否对此感到满足呢？"

"你这话是什么意思？"

"斯特凡，是这样的：在虚空中有一团密度极高的质量体，它产生了原始大爆炸。大爆炸后，产生了上亿的天体，在其中的一颗天体上又产生了有智慧和意识的生命。我无法接受这样的事实，即如你所说的，人类的灵魂不过是脑子里的化学作用和电流活动。不，按照熵的原则，万物都有死亡的一天，我不满意这样的说法。这么看来，整个历史不过是一系列巨大而且毫无意义的过程中的短暂插曲。"

"我们恐怕得学会接受这种观念，"斯特凡回答道，"以我之见，只有这样我们才可以发展出以人为本的道德——一种没有美化的道德，一种以人和地球而不是以来世为中心的道德。"

"也许在这个世界的背后的确有某种意图存在，"罗曼说道，

"我们在过去的五天像看快动作电影一样经历了进化的过程,我一再问自己,难道这一切都是偶然的吗?进化使我们拥有越来越多的脑活动和越来越多的感觉能力。"

"只有少数人承认宇宙是无限的、寒冷的。"贝蕾妮克补充他的想法,"我就不能接受这个观点。我们真能在一个对我们毫无了解的宇宙中感到快乐吗?"她指了指天空中的上亿颗星星,然后若有所思地说:"也许正因为如此,我们才更加热爱地球?"

这是一个她不指望得到答案的问题。大家都沉默不语。

"有时候时间不再起作用了,"贝蕾妮克又说道,"人从来不想停止下来。我现在的感觉正是如此。我觉得自己相当渺小,但很适意。"

"你这是什么意思?"

"我不知道——也许是不那么孤单了!"

"我也有同感,"斯特凡说道,"我们都是这个地球的孩子,正如地球是宇宙的孩子一样。我们活着,只是作为进化链条的一个环节。"

"有可能,但并不排除另外的可能性,"贝蕾妮克说道,"当我们结束这次参观游览后,谁知道我们又会怎么想呢。后面还有那么多的人和事,也许还是最为重要的事——那些即使在今天仍然会深深打动我们的事。"

说完,她把双手放到面前的桌子上,罗曼本能地将他的手伸向她的左手,斯特凡则握住了她的右手。

树丛里散发出阵阵紫藤香味。